VOYAGE

DANS

L'INDE

PAR C. BARBIER

ROUEN

MÉGARD ET Cie, IMPRIM.-LIBRAIRES

1859

BIBLIOTHÈQUE MORALE

DE

LA JEUNESSE

PUBLIÉE

AVEC APPROBATION

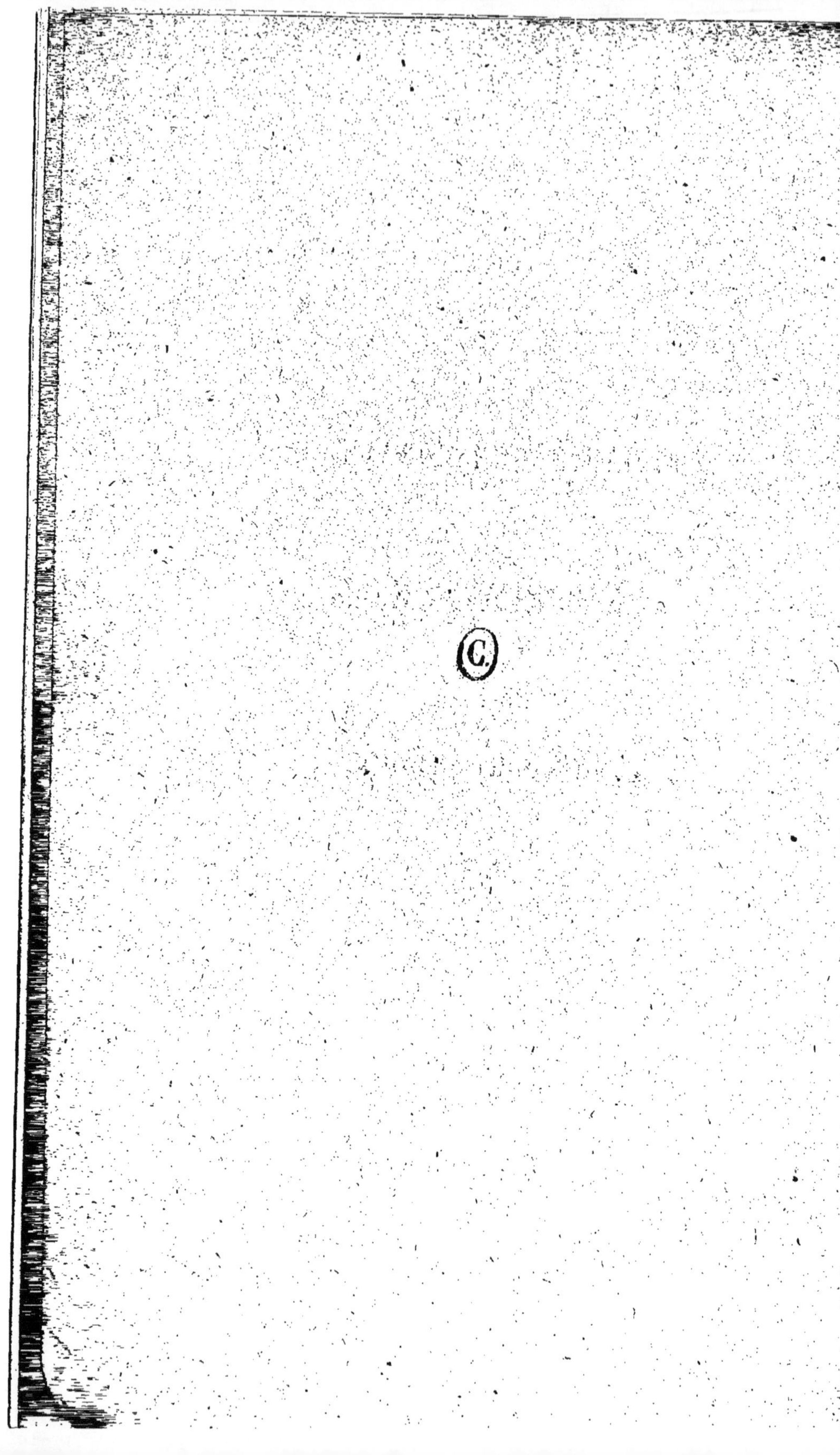

VOYAGE

DANS

L'INDE

PAR C. BARBIER

ROUEN

MÉGARD ET Cie, IMPRIM.-LIBRAIRES

1859

EXÉCUTION DES INDOUS REBELLES PAR L'ARMÉE ANGLAISE DEVANT DELHI.

Les Ouvrages composant la **Bibliothèque morale de la Jeunesse** ont été revus et **ADMIS** par un Comité d'Ecclésiastiques nommé par MONSEIGNEUR L'ARCHEVÊQUE DE ROUEN.

—

L'Ouvrage ayant pour titre : **Voyage dans l'Inde**, a été lu et admis.

Le Président du Comité,

Picard

Archip. de la Métrop.

Avis des Éditeurs.

Les Éditeurs de la **Bibliothèque morale de la Jeunesse** ont pris tout à fait au sérieux le titre qu'ils ont choisi pour le donner à cette collection de bons livres. Ils regardent comme une obligation rigoureuse de ne rien négliger pour le justifier dans toute sa signification et toute son étendue.

Aucun livre ne sortira de leurs presses, pour entrer dans cette collection, qu'il n'ait été au préalable lu et examiné attentivement, non-seulement par les Éditeurs, mais encore par les personnes les plus compétentes et les plus éclairées. Pour cet examen, ils auront recours particulièrement à des Ecclésiastiques. C'est à eux, avant tout, qu'est confié le salut de l'Enfance, et, plus que qui que ce soit, ils sont capables de découvrir ce qui, le moins du monde, pourrait offrir quelque danger dans les publications destinées spécialement à la Jeunesse chrétienne.

Aussi tous les Ouvrages composant la **Bibliothèque morale de la Jeunesse** sont-ils revus et approuvés par un Comité d'Ecclésiastiques nommé à cet effet par MONSEIGNEUR L'ARCHEVÊQUE DE ROUEN. C'est assez dire que les écoles et les familles chrétiennes trouveront dans notre collection toutes les garanties désirables, et que nous ferons tout pour justifier et accroître la confiance dont elle est déjà l'objet.

VOYAGE

DANS L'INDE.

I.

Le 7 avril 1851, je terminai heureusement mes études par l'épreuve difficile du baccalauréat.

Je ne dirai pas la joie de ma famille, la joie de ma mère surtout, ma propre satisfaction et le regard que, plein d'espérance, je plongeai dans l'avenir : l'avenir a tant d'illusions et de charmes pour un jeune homme qui ne compte pas vingt ans.

Le même soir, quand quelques parents que nous avions à Paris, cousins éloignés pour la plupart, et nos amis, qui n'avaient pas manqué de venir m'offrir leurs félicitations dans une circonstance si importante, se furent retirés, ma mère, empruntant le langage qu'aurait tenu mon père, si la mort ne l'eût point arraché, quand j'étais encore au berceau, aux soins et à l'amour des siens, ma mère me parla de cet avenir qui s'ouvrait devant moi, horizon sans bornes pour une imagination ardente et enthousiaste. Je ne vous redirai point ses paroles; la conclusion en fut toute simple, toute naturelle, ce qu'elle devait être : j'allais commencer une nouvelle vie. Bien des carrières m'étaient offertes; il me fallait faire un choix qui satisfît mon esprit, confirmât mes espérances, et que ratifiassent mes goûts et mes inclinations.

Je voulus parler.

— Réfléchis, mon enfant, reprit ma mère, réfléchis bien; c'est une chose importante. D'ailleurs, ne devrais-tu pas consulter le frère de ton père? C'est lui qui, en subvenant aux frais de ton éducation, a préparé le triomphe d'aujourd'hui et ouvert devant toi les voies de la fortune et du bonheur.

Je quittai aussitôt ma mère. Elle venait de me rappeler un devoir que mon cœur reconnaissant brûlait d'accomplir : n'était-ce pas à cet oncle, qui m'avait témoigné toujours l'amour et la sollicitude d'un tendre père, que je devais d'abord annoncer l'heureuse nouvelle de ma réussite dans l'épreuve que je venais de tenter? Je lui écrivis une longue lettre, je lui parlai du passé, de l'avenir.... Je lui redis les paroles de ma mère, je lui demandai l'aide de ses conseils dans le choix si important d'une carrière, lui laissant soupçonner mes goûts et mes désirs.

Le jour me retrouva écrivant encore, accablé de lassitude, mais radieux d'espérance.

Je dois dire un mot de ma famille.

Mon père, avocat distingué du département de la Gironde, était mort à la fleur de l'âge, alors qu'il rêvait et la gloire dans la carrière brillante qu'il avait embrassée et de longues années de bonheur avec ma mère, qu'il aimait passionnément, et les deux fils et la fille qu'elle lui avait donnés.

Ma mère, n'ayant aucune ressource, quitta immédiatement Bordeaux, qui lui rappelait, d'ailleurs, de trop cruels souvenirs d'espérances déçues et de bonheur évanoui, et vint à Paris, où elle avait quelques parents éloignés. Sa famille lui prêta quelque assistance. On plaça mon frère, mon aîné de sept ans, dans un collége de province, et ma mère me garda auprès d'elle avec ma jeune sœur.

Quelque temps avant la mort de mon père, son frère, qui avait longtemps exercé la médecine, et qui touchait déjà à sa quarantième année, avait quitté la France pour Pondichéry, où il avait fondé un petit établissement. Cet établissement avait prospéré, sans qu'on sût trop dans quelles limites; cependant, après la mort de mon père, mon oncle ne manqua pas d'envoyer chaque année une certaine somme à sa belle-sœur, un millier de francs d'abord, puis deux, puis trois. Il m'avait nommé au baptême, et c'était en souvenir de cette sorte de paternité touchante que consacre la religion, qu'il faisait son offrande. Quand j'eus huit ans, il exprima le désir que je fusse placé dans l'une des premières pensions de Paris. Ce désir était un ordre, auquel ma mère s'empressa d'acquiescer avec des vœux d'actions de grâces.

Plusieurs années s'écoulèrent. Mon frère acheva brillamment ses études et entra dans une administration. Pendant ce temps, je me distinguais au collége. J'aimais la science; et, d'ailleurs, cette parole que me répétait à tout instant ma mère redoublait mon courage:

— Souviens-toi que tes succès prouveront à ton bienfaiteur, à ton second père, ton amour et ta reconnaissance.

J'ai dit la manière dont je terminai ces études le 7 avril.

J'attendis la lettre de mon oncle avec impatience, avec anxiété. Le retour du courrier me l'apporta.

La délicatesse m'avait obligé à ne lui laisser que vaguement entrevoir mes inclinations, inclinations qui me faisaient rêver si beaux, si brillants, les immortels lauriers du poëte. J'avais combattu à l'avance les idées auxquelles je croyais qu'il s'arrêterait touchant la médecine, le barreau ou la carrière administrative. Je craignais peu qu'il ne me parlât du commerce; la volonté ou plutôt le désir qu'il avait exprimé relativement à mes études pouvait me faire penser qu'il ne me conseillerait pas d'enfouir les connaissances qu'il m'avait fait acquérir dans un comptoir de marchand.

Mon cœur battit violemment en brisant le sceau de cette lettre si ardemment désirée; elle ne contenait que peu de lignes. Mais que ces lignes me causèrent d'étonnement! Les voici:

« Mon cher Edmond,

« Je te remercie beaucoup de m'avoir annoncé l'heureuse nouvelle de ta réussite pour le baccalauréat. Me voici au comble de mes vœux. Depuis tantôt dix-neuf ans, c'est-à-dire depuis le jour où je suis devenu ton père d'adoption, je désire ce moment. Je bénis Dieu de ce qu'il a daigné permettre que mes yeux le vissent avant de se fermer pour jamais, que j'entendisse de ta bouche ce nom si doux de père auquel j'ai renoncé pour toi, je puis te l'avouer aujourd'hui. Je jette avec bonheur un regard sur le passé: je ne t'ai point aimé en égoïste, j'ai su résister au désir ardent que j'éprouvais de te presser sur mon cœur, afin que tu achevasses tes études aussi brillamment que tu les avais commencées.

« Tu me demandes mes conseils pour l'avenir. Ces conseils, je te les donnerai de vive voix. Viens me rejoindre. Pars immédiatement : le temps presse peut-être, mes soixante ans ont sonné ; je veux bénir mon enfant avant que de mourir, et lui léguer mon héritage, héritage si péniblement acquis dans la pensée seule qu'il en jouirait un jour. Que ta mère n'objecte ni ta jeunesse ni ton inexpérience pour un si long voyage. Je comprends ses inquiétudes et ses angoisses ; je désire donc que tu ne viennes pas seul. Mais quel mentor plus fidèle et plus dévoué qu'un tendre frère? Philippe a vingt-cinq ans, c'est un homme sage, prudent et vertueux : il peut et il doit t'accompagner. Qu'il ne craigne point de risquer son modeste traitement de 1,500 fr. et ses espérances d'avenir. Le voyage que je vous propose à tous deux, je le crois utile, nécessaire, indispensable à l'achèvement de votre éducation. Si je ne lui ai point offert plus tôt de venir me rejoindre, c'est que j'avais le désir de presser à la fois dans mes bras les deux fils de mon frère bien-aimé.... »

Impossible de dire les sensations de joie, de plaisir, de douleur, que m'apporta cette lettre.

Ma mère entra au même instant dans ma chambre, ramassa la missive que j'avais laissée tomber, y jeta un demi-regard et comprit tout ce qui se passait en mon âme.

— Mon fils, me dit-elle, tu dois tout à ton oncle ; il a droit à ta reconnaissance, à ton dévouement ; pars donc.

— Ma mère !... m'écriai-je en tendant les bras vers elle.

Je n'en pus dire plus.

— Mon enfant, le regret que tu éprouves à quitter ta mère redouble mon amour. Mais, quoi qu'il arrive, la séparation sera de peu de durée ; ou tu décideras ton oncle à venir achever dans sa patrie une vie de vertus et de bonnes œuvres, ou je passerai les mers pour vivre près de mes enfants.

Cette parole triompha de toute hésitation de ma part ; puis je me rassurai complétement en songeant à l'ange dévoué que je laisserais à ma mère, ma jeune sœur, qui achevait alors sa dix-septième année.

Dès le jour même, on s'occupa des préparatifs du départ.

Que nos jeunes lecteurs sachent bien que la pensée de l'héritage n'entra point un instant dans mon esprit. J'aurais rougi d'obéir à un sentiment de vile cupidité. D'ailleurs, cet héritage, que pouvait il être? Mon oncle n'avait jamais parlé de ses affaires, et ce n'était que par les sacrifices qu'il avait faits pendant dix-huit ans en faveur de la veuve de son frère, que nous avions pu voir qu'il prospérait.

Nous nous rendîmes au Havre, où était en partance pour l'Inde un bâtiment marchand, bon voilier qui, plus d'une fois déjà, avait fait heureusement la traversée de l'Atlantique et de l'océan Indien.

Le 22 juillet, nous nous arrachâmes des bras de notre mère, qui nous avait accompagnés jusque sur le port, et nous nous embarquâmes. Mon frère Philippe partageait mes regrets de la séparation, mais aussi ma joie de voir de nouvelles contrées, de rencontrer d'autres peuples, de vivre d'une vie d'émotions et d'aventures.

Nous sortîmes heureusement de la Manche, entrâmes dans l'Atlantique, et, favorisés par un bon vent, arrivâmes après une dizaine de jours à la hauteur de Gibraltar, où vingt-quatre heures de calme, après une petite tempête, nous laissèrent à peu près à la même place.

Le 3 août, la chaleur, augmentant d'une manière sensible, nous annonça que nous nous trouvions dans les latitudes méridionales.

Le 4, nous commençâmes à apercevoir de loin quelques terres, et nous vîmes pendant plusieurs jours la petite île de Porto-Santo, dont les hautes montagnes nous rappelèrent l'origine volcanique, Madère, et les rochers déserts qui l'environnent.

Le 6, nous approchâmes des Canaries; mais un épais brouillard nous empêcha de les voir.

Dans la nuit du 8 au 9, nous entrâmes dans les régions tropicales. Nous nous attendions à une chaleur plus grande, à un ciel plus pur; nous n'eûmes ni l'un ni l'autre. Les nuages s'épaissirent, et l'équipage conçut quelque inquiétude, inquiétude qui dura peu.

On sait la prompte transition de la nuit au jour et du jour à la nuit vers les tropiques : trente-cinq ou quarante minutes après le lever du soleil, on a grand jour; et le même temps après le coucher du soleil, on est dans d'épaisses ténèbres.

A mesure que nous approchions de l'équateur, la différence de la durée entre le jour et la nuit diminuait aussi de plus en plus.

Personne n'ignore qu'à l'équateur les nuits et les jours sont égaux.

Nous n'avons point dit le nombre de poissons volants que nous vîmes, pendant tout notre voyage du 22 juillet au 9 août, de mollusques brillant à travers les eaux comme des milliers d'étoiles flottantes, les pêches auxquelles nous passâmes la plus grande partie de nos jours. Une nuit, nous fûmes soudainement éveillés et appelés sur le pont. J'éprouvai une singulière impression au moment du réveil, m'imaginant que notre bâtiment courait peut-être quelque danger; car, la veille au soir, nous avions été surpris par un vent assez violent. Nous courûmes sur le pont; tout l'équipage y était déjà rassemblé et jouissait du plus magnifique spectacle que j'aie jamais vu : tout autour de nous la mer paraissait en feu. Cette illumination, qui suit quelquefois de violents orages, était si brillante, que nous pouvions facilement lire sur le pont.

Un autre spectacle de ce genre, mais incomparablement moins magnifique, nous avait apparu après un orage insignifiant qui nous avait accueillis à peu près à la hauteur de Gibraltar. Les nuages, dorés par le soleil, s'étaient reflétés comme sur un miroir dans les ondes agitées avec une variété de couleurs plus belles et plus éclatantes que celles de l'arc-en-ciel.

Cependant nous approchions de l'équateur. Tout nous l'annonçait : la magnifique constellation de la croix méridionale, Vénus, Orion et Jupiter, qui nous apparaissaient si brillants, que leurs rayons formaient sur les flots comme un disque argenté, quelques étoiles tombantes.

Ce phénomène des étoiles tombantes se voit quelquefois dans nos contrées pendant les belles nuits d'été. Il se reproduit certainement plus souvent vers l'équateur; mais le récit des voyageurs nous a semblé sur ce point au moins exagéré.

Nous voyions aussi les nuages de Magellan et le nuage noir. Le premier est brillant : c'est une autre voie lactée formée de milliers d'étoiles invisibles à l'œil nu. Le second résulte, dit-on, de l'absence totale d'étoiles dans cette partie du ciel.

Le 29, à dix heures, nous saluâmes enfin l'hémisphère méridional. Un sentiment que je ne saurais exprimer, et qui ressemble à l'orgueil peut-être, s'empara alors de tout l'équipage et principalement de ceux qui, comme nous, passaient la ligne pour la première fois; on se prit la main, on se félicita comme si l'on accomplissait une action héroïque, un acte d'éclat. L'un des passagers avait apporté quelques bouteilles de champagne pour célébrer l'événement; on les but au milieu de chants joyeux, portant mille heureux toasts. Il n'y eut point de festin à bord, comme presque sur tous les vaisseaux; car on craignait l'ivresse et le désordre qui résultent ordinairement de ces réjouissances de table, mais on se livra à d'autres amusements. Mon frère et moi nous en prîmes notre part. Que dis-je? nous servîmes même à l'amusement des autres : passant la ligne pour la première fois, nous n'échappâmes pas au baptême consacré par les matelots.

Notre voyage dans le second hémisphère s'accomplit aussi heureusement que dans le premier. Dans les premiers jours de septembre nous relâchâmes à Sainte-Hélène et visitâmes à demi ce rocher brûlant si célèbre dans nos annales. Peu après, nous doublâmes le cap de Bonne-Espérance. De l'autre côté de l'Afrique, nous nous arrêtâmes à Saint-Maurice, île magnifique et fertile que les Français saluent tristement des noms de France et de Bourbon. Quinze jours plus tard, nous côtoyions l'Inde, jouissant de ces magnifiques couchers du soleil qu'ont tant célébrés les poëtes et dont les peintres ont cherché tant de fois, mais en vain, à donner une faible idée. Jamais je n'oublierai l'admiration qui me transporta, quand, pour la première fois, je fus témoin de ce spectacle imposant de la nature. A peine le disque solaire avait-il disparu, qu'un jet immense, d'un vert pâle et transparent, vint marquer jusqu'au zénith la route qu'il avait suivie dans l'espace. Rien ne saurait rendre la variété de tons, d'accidents et de mouvements que cette apparition répandit à travers les magnifiques ondulations de la lumière défaillante.

Le 10 novembre, nous arrivâmes à Pondichéry.

II.

Depuis quelques jours, Philippe était souffrant. Au moment du débarquement, il se trouva plus incommodé encore et ne put s'occuper du soin de faire transporter chez notre oncle notre modeste bagage. Je dus prendre ce soin, et fus assez heureux pour trouver un palanquin, dans lequel j'installai mon frère. Pour moi, rien ne put me décider à prendre place auprès de lui: je trouvais si dégradants pour les malheureux porteurs de rendre à leurs semblables l'office de bêtes de somme.

Savez-vous, jeunes lecteurs, ce que c'est qu'un palanquin?

Figurez-vous une sorte de cage de cinq pieds de long et de trois de haut, garnie de portes et de jalousies. Peint en noir, le palanquin ressemble assez à ces brancards sur lesquels on transporte les malades à l'hôpital ou les morts au cimetière; à l'intérieur, des matelas et des coussins permettent de s'étendre aussi commodément que dans un lit. Dans les villes, quatre porteurs suffisent. Ils courent si vite, malgré cet énorme fardeau, qu'ils font plus d'une lieue de France en moins de trois quarts d'heure. Hors des villes, huit porteurs sont attachés au service de chaque palanquin; ils se relayent à chaque instant.

J'avais peine à suivre les porteurs de mon frère, bien que j'eusse précipité mes pas le plus qu'il était en mon pouvoir; je m'arrangeai au moins de manière à ne pas les perdre de vue. Nous traversâmes une campagne riche et fertile, avant d'arriver du côté de la ville que mon oncle nous avait indiqué comme le lieu de sa résidence. Du reste, à peine avions-nous dit à nos porteurs le nom de notre parent, qu'ils nous avaient répondu par un signe d'intelligence, et qu'ils avaient échangé un sourire. J'en augurai que ce nom ne leur était point inconnu, et j'éprouvai une secrète satisfaction de l'air de bon souvenir et de bienveillance qui avait accompagné leur geste et leur sourire.

Nous parcourûmes toujours en courant plusieurs quartiers de la ville; enfin nous arrivâmes dans un lieu assez isolé où s'élevait, au milieu de jardins délicieusement ombragés, des villas magnifiques. A mon grand étonnement, les porteurs s'arrêtèrent devant l'une de ces villas.

— M. B...? demandai-je en hésitant.

— M. B..., répéta celui qui paraissait être le chef de la petite troupe.

Nous fûmes introduits par plusieurs domestiques dans un grand salon meublé à l'européenne, à la française, et, quelques minutes après, un bon petit vieillard, au front chauve et à l'air doux et vénérable, nous pressait dans ses bras en nous nommant ses enfants.

Mon oncle, qui n'avait jamais parlé de ses affaires, avait successivement fondé à Pondichéry et à Ceylan plusieurs maisons de commerce, qui toutes avaient prospéré et lui avaient assuré une brillante fortune. Dès le jour de notre arrivée, il nous mit au courant des entreprises qu'il avait tentées et des succès qui avaient couronné ses efforts, et nous dit le chiffre des revenus immenses que lui avaient acquis des années de labeur et de stricte économie.

Je ne dirai pas les instants heureux que nous passâmes près de cet oncle, qui avait pour nous la sollicitude et l'amour d'un père, nos longues promenades dans le parc de sa villa, nos douces causeries.

Nous parlions sans cesse de la France, de notre mère, de notre sœur, sans que notre excellent parent se fatiguât jamais de nos discours. Avide d'entendre et de savoir, il pressait ses questions et laissait tomber des larmes de regret au souvenir de la patrie. Cette patrie, toujours si chère au cœur de l'homme, il ne croyait plus l'aimer, et pourtant chacune de nos paroles ajoutait à son désir secret de la revoir avant de mourir.

Pour moi, peu soucieux du passé, j'essayais de soulever le voile de l'avenir.

— L'avenir ne nous appartient pas, mon fils, dit un jour le bon vieillard ; qui l'a jamais pénétré ? Qui eût dit, quand j'avais ton âge, que je coulerais les dix plus belles années de mon existence dans un charmant Eldorado de l'Inde, dans un nid de verdure aux portes de Pondichéry ?

— Mais, mon oncle, à mon âge, un jeune homme....

— Oui, à ton âge, un jeune homme est impatient, ardent, enthousiaste. Combien, à ton âge, ont pris déjà des décisions importantes, des partis extrêmes, dont ils se sont ensuite repentis, sans pouvoir sortir jamais de la fausse voie dans laquelle ils s'étaient si imprudemment engagés ! Le plus grand nombre, quand ils ont achevé leurs études, doivent aussitôt embrasser une carrière, pour venir en aide à leur famille, que leur éducation a presque ruinée; je conçois la malheureuse précipitation de ce grand nombre dans un choix qui demanderait tant de réflexions et de sagesse. Mais toi, qui te presse ? Ta mère et ta sœur n'ont-elles pas une existence douce et tranquille ? Ne suis-je pas riche pour vous, mes enfants ? Bientôt vous jouirez....

— Ne parlez pas ainsi, mon oncle : nous espérons pour vous tant d'années de bonheur....

— Tu as raison, ne parlons pas de cela. Je voudrais vivre encore pour revoir la France.... J'aime l'Inde : c'est ma seconde patrie. Mais le sol où je suis né est encore, après vingt ans d'exil, le premier objet de mes amours. C'est vous qui avez éveillé le désir de finir mes jours là où était mon berceau. En vous pressant de traverser les mers, je voulais vous faire ici les compagnons de mon existence et de mes travaux ; elle est maintenant plus douce à mon cœur, la pensée de retourner avec vous dans notre France. Peut-être mon âge, mes infirmités me conseilleraient de me hâter, si je veux jouir encore de quelques jours de bonheur dans le sein de la patrie, mais mes affaires exigent ma présence à Pondichéry ou dans l'Inde au moins pendant plus d'une année. Employons cette année, mes enfants, à visiter cette belle contrée, à observer avec soin les hommes et les choses; car c'est dans cette étude que consiste la véritable science. Il sait bien peu de choses, celui-là qui n'a jamais appris que sur les bancs du collége, fût-il lauréat du grand concours ou bachelier-ès-lettres.

Mon oncle acheva ces mots avec un doux sourire.

— Oui, mon enfant, continua-t-il, après quelques années de voyage, tu seras plus apte à faire le choix d'une carrière.

Songe que, lorsqu'on n'est pas contraint par la force des circonstances, il faut, pour que ce choix nous satisfasse pleinement, qu'il s'accorde avec la délicatesse de la conscience, la noblesse de l'âme et l'inclination du cœur.

La pensée du grand voyage que nous proposait mon oncle nous transportait de bonheur, mon frère et moi. Le lendemain, il en fut de nouveau question. L'intention de notre parent était que nous commençassions par Ceylan, où quelques affaires réclamaient sa présence, Ceylan, « la plus belle de toutes les îles que baigne l'Océan », comme il est dit au chapitre LV des chants de *Ramayana*, terre antique aussi célèbre par la poésie sanscrite que l'a pu être la Troade dans la littérature gréco-romaine.

Le départ fut fixé au 2 avril. Nous étions alors aux derniers jours de février.

Nous profitâmes du peu de temps qui nous restait pour visiter Pondichéry et ses environs.

Pondichéry est la seule de toutes les cités de l'Inde qui ait réalisé l'heureuse union des caractères asiatiques et européens. C'est une ville de France enchâssée dans les couleurs magiques, dans la riche végétation de l'Orient; une ville de France, hélas! où s'éteint chaque jour la population blanche; et quelle espérance que de nouveaux Français viennent jamais s'établir dans cette colonie déshéritée d'avenir et point perdu dans l'immensité de l'Inde anglaise? Pourtant, si l'on savait la richesse du sol, la beauté de la nature, la douceur et l'activité des indigènes, nous pourrions dire avec Édouard de Warren dans ses *Études sur l'Inde anglaise*: « Je regrette toujours que tant de gens affligés d'une fortune médiocre et de goûts élégants, traînant douloureusement en France une vie de privations entre les besoins de notre triste climat et les besoins factices de notre civilisation, ne sachent pas quelle douce existence ils pourraient mener dans ces petits Eldorado, dans ces nids de verdure qui entourent Pondichéry. »

C'est un vrai paradis que le petit district de Pondichéry. Nulle part le cocotier n'est plus beau, le palmier-éventail ne se penche avec plus de grâce; nulle part les rizières ne sont plus abondantes et plus fraîches. Dirons-nous les nombreux canaux qui serpentent dans les plaines avec leurs ponts légers et gracieux, les longues routes ombragées et décorées çà et là de statues, les magnifiques villas semées dans la campagne?

— Dites que notre terre de l'Inde n'est point magnifique! disait mon oncle avec enthousiasme en errant avec nous au hasard dans les environs de Pondichéry. Sans l'amour de la patrie, ce sentiment naturel des cœurs nobles et vertueux, on voudrait mourir sur ces rives enchantées de l'océan Indien. Si encore ce vaste pays était une seconde France, comme il devrait l'être ! ajouta-t-il après une pause.

L'Inde, dont l'Océan baigne et entoure toute la partie méridionale, a pour limites : vers le nord, les monts Himalaya, qui la séparent du Thibet ; à l'orient, la ligne qui court entre le Brahmapoutra et l'Iraouaddy ; et, enfin, au couchant, la chaîne des Soleymans. Ainsi circonscrite, elle présente une surface égale à celle qu'offrirait l'Europe diminuée de l'empire russe.

Le bassin du Sind, celui du Gange, et le plateau triangulaire qui s'étend des monts Vindhia au cap Comorin, partagent ce vaste espace en trois parties naturelles. Ces trois parties étaient habitées dans les temps les plus reculés par la race hindo-sanscrite, qui forme encore plus des deux tiers de la population actuelle de l'Inde.

On sait les rapports des Hindous avec les vieux peuples de l'Occident ; mais ce que l'on ignore communément, c'est la puissante civilisation à laquelle ils étaient parvenus plus de quinze cents ans avant notre ère. L'Inde avait un alphabet régulier, alors que les peuples ne se servaient encore que d'hiéroglyphes et de signes symboliques ; des prophètes et des chants sacrés, bien avant les temps d'Orphée et de Lynus ; une législation, celle de Manou, dont quelques fragments parvinrent, après plusieurs siècles qu'elle florissait sur les rives du Gange, en Phrygie et dans l'île de Crète, sous la sanction des noms de Manès et de Minos ; des écoles philosophiques, d'où émanèrent les doctrines qui firent la gloire des Pythagore, des Zénon et des Démocrite. Mais, avec toutes ses merveilles, l'Inde n'a pas eu d'histoire ; elle a enseveli dans ses mythes tous les souvenirs de sa belliqueuse et forte jeunesse ; ses artistes, ses rhéteurs, ses grammairiens, ses philosophes, ses grands hommes dans tous les genres ont passé sans jeter un nom à la postérité. Il ne lui reste qu'un vague souvenir de tant de puissance, de tant de grandeur, de tant de lumières ; et, sans l'histoire, pas de nationalité, dans la véritable acception du mot.

Une lutte de mille ans entre le brahmanisme et le bouddhisme avait fait succéder dans l'Inde les ténèbres aux lumières et la barbarie à la civilisation, quand les disciples de Mahomet se jetèrent en conquérants dans cette vaste contrée. Leur première apparition sur les rives de l'Indus date de la fin du VIIe siècle; mais ce ne fut qu'en 1004 qu'ils franchirent ce fleuve pour la première fois. Vingt ans après, le chef turcoman qui les conduisait, Mahmoud, sultan de Ghusni, était maître de Cachemire, de Pendjab, du Sind, du Goudjérate et de Muthah. Dans cette dernière ville, il trouva, selon son rapport, mille palais de marbre, des temples innombrables s'élevant jusqu'au ciel. Cent mille pièces d'or dépensées annuellement pendant deux siècles, ajoutait-il, ne suffiraient pas pour édifier une ville pareille.

Il est impossible de se faire une idée des richesses entassées dans l'Inde avant l'ère des invasions. Les descriptions qu'en ont laissées les conquérants qui ont ravagé cette contrée à diverses époques, semblent des fables et rappellent les récits que les compagnons de Cortez et de Pizarre ont faits des richesses métalliques du Pérou. On peut en juger par le butin qu'un simple chef de bande, Mélik-Kafour, rapporta en 1311 d'une expédition dans le Canara, et qui consistait en trois cent vingt éléphants, deux mille chevaux, dix millions de pièces d'or, et d'innombrables boites remplies de pierres fines et de perles d'une inestimable valeur.

Après des siècles d'invasions et de pillages, l'Inde vit établir dans Delhi l'empire des Timourides ou des Mogols.

Voici ce que disait de l'Inde Babour, petit-fils de Timour ou Tamerlan, qui fonda cet empire: « Dans ces contrées, rien n'est plus rare que la transmission du pouvoir par voie héréditaire; il y a un trône destiné au roi; il y a également un siége ou place assigné à chacun des amirs, vizirs et mausabhars. C'est ce trône, ce sont ces siéges d'honneur qui sont l'unique objet du respect des peuples. A chacune de ces dignités est attaché un certain nombre d'officiers inférieurs, de serviteurs à divers degrés, qui tous sont comme parties intégrantes du mobilier de la fonction, choses adhérentes à l'emploi, et non à celui qui le remplit. Cette règle s'observe même en ce qui touche au trône du souverain. Quiconque tue le roi et parvient à s'asseoir sur son trône est immédiatement reconnu comme roi. Tous les amirs, vizirs, soldats, artisans et laboureurs se soumettent aussitôt, et voient un souverain aussi légitime dans le nouvel occupant que dans celui qui siégeait avant lui. »

Cette coutume si étrange, si incompatible avec la grandeur et le bonheur d'un peuple, a continué jusqu'aux jours de la conquête européenne et donne raison de cette conquête elle-même. Dans le royaume de Calicut entre autres, il y avait un jubilé tous les douze ans, pendant lequel celui qui réussissait à assassiner le zamorin régnant, lui succédait de droit.

L'empire des grands Mogols ne dura que deux siècles, malgré les efforts des hommes remarquables qui se succédèrent sur le trône de Delhi, et entre autres d'Akbar, de Chah-Djihan et d'Aureng-Zeyb.

La domination anglaise succéda à celle des Timourides. La France aurait régné en souveraine sur cette vaste contrée, si Louis XIV et Colbert l'eussent voulu.

Dans les premières années du XVIIe siècle, les Français à Chandernagor et à Pondichéry, les Anglais à Surate, à Madras, à Bombay, avaient établi dans l'Inde des comptoirs de commerce. Les Hollandais étaient établis à Ceylan; dès longtemps les Portugais possédaient Goa.

Vers le milieu du XVIIe siècle, un aventurier anglais, Boughtan, médecin de son état, ayant accompagné à Agrah une humble mission envoyée par la factorerie britannique établie à Surate, auprès de l'empereur Chah-Djihan, eut le bonheur de guérir d'une maladie grave la fille bien-aimée de ce monarque. En récompense, Chah-Djihan lui donna le droit de commercer dans toute l'étendue de l'empire mogol. Boughtan vendit ce droit à la Compagnie anglaise, qui fonda aussitôt un nouvel établissement sur les rives de l'Hougly, au lieu où s'élève aujourd'hui Calcutta, et étendit ses relations dans le centre de l'Inde, sans prétendre toutefois y exercer encore aucune influence politique.

Cette influence avait appartenu aux Portugais pendant le XVIe siècle; les Hollandais la convoitaient; elle était réellement tout entière à la France.

Dupleix, appelé en 1730 à la direction du comptoir de Chandernagor, se promit, voyant chanceler l'empire des Mogols, de donner l'Inde à la France. Il fit de sa misérable bourgade, qui ne possédait pas une *barque pontée*, une ville florissante, lui donna soixante-douze vaisseaux, écrasa le commerce des Anglais.

Onze ans plus tard, il fut nommé gouverneur général de Pondichéry et des possessions françaises dans l'Inde; il attendit dès lors le moment favorable d'exécuter son grand projet. La guerre qui éclata en 1744 entre la France et l'Angleterre lui fournit l'occasion qu'il cherchait. Il s'ouvrit à deux confidents :

Jeanne de Castro, sa femme, brillante créole descendant des généreux compagnons de Vasco de Gama et d'Albuquerque, et célèbre encore dans toute l'Inde sous le nom de Johanna Begum (la princesse Jeanne), et le marquis de Bussy, bon soldat et politique habile; puis, il agit. Il fit des prodiges, planta le pavillon français dans tous les pays au sud de Godavery et la côte d'Orissa jusqu'à la fameuse pagode de Djaggernat, jusqu'aux abords du Bengale. De l'assentiment du grand Mogol lui-même, les Français régnaient directement ou indirectement sur un grand tiers de la contrée. Encore un effort, et cette contrée tout entière devenait colonie française. Cet effort ne fut point fait.

En 1754, alors qu'il pouvait y avoir de l'espoir encore, Dupleix fut rappelé, accusé, ruiné, lui qui n'avait voulu qu'accroître la puissance et la gloire de son pays!

Son successeur traita avec les Anglais.

Il fut convenu que toutes les conquêtes de Dupleix seraient remises au grand Mogol, et que les deux Compagnies n'interviendraient en aucune manière dans la politique intérieure de l'Inde.

Deux ans n'étaient pas encore écoulés, depuis la signature du traité, que déjà les Anglais le violaient et faisaient des conquêtes. Depuis ce temps, ils allèrent d'empiétement en empiétement, de triomphe en triomphe. En vain le malheureux Bussy, en vain Haïder-Ali, « l'un des plus fiers et des plus profonds génies qu'ait enfantés l'Orient, » en vain Tippoo-Saheb, fils de ce héros et l'héritier de ses talents, défendirent la liberté des Hindous. Ils succombèrent.

Aujourd'hui sont consommés, au profit de l'Angleterre, les plans que Dupleix avait formés pour la France. L'empire anglo-hindou a atteint les limites mêmes que lui a préparées la nature : les monts Soleymans, l'Himalaya, la chaîne de l'Aracan et l'Océan, c'est-à-dire un territoire sept fois plus grand que la France et divisé en trois grandes présidences : Calcutta, Madras et Bombay.

Les Portugais possèdent encore Goa.

Les Hollandais ont perdu Ceylan.

Les Danois dominent à Tranquebar et à Sirampour.

Les Français ont quelques pauvres colonies : Pondichéry, Chandernagor et Mahé.

III.

Le 2 avril, nous nous embarquâmes pour Ceylan.

Le temps était beau, le vent favorable; après quelques jours d'une heureuse navigation, nous aperçûmes l'île. Dès lors, nous ne quittâmes plus le pont, avides que nous étions de contempler cette île si fameuse.

Pour tous les indigènes de l'Inde, Ceylan est une terre sacrée à plus d'un titre.

Et d'abord, Ceylan, appelée aussi le second Éden, à cause de sa beauté et de sa merveilleuse fertilité, n'a-t-elle point été, selon la croyance des musulmans, le refuge d'Adam après le péché? Ils en donnent comme preuve les nombreux souvenirs que le premier homme y aurait laissés pour attester son passage : le pont d'Adam, la vallée d'Adam, le pic d'Adam, etc. Ils prétendent même qu'après son expulsion du paradis, Adam tomba sur la plus haute montagne de Ceylàn, montagne qu'il nomma de son nom et sur le sommet de laquelle se voit encore l'empreinte d'un de ses pieds. Or, la légende dit que l'homme coupable se tint debout sur le pic et sur un seul pied, implorant la miséricorde de Dieu jusqu'à ce qu'il eût obtenu son pardon.

Mais la légende d'Adam n'est rien, à Ceylan, en comparaison de la fameuse légende de Rama.

Rama, héros déifié, a laissé dans l'île bien d'autres souvenirs que le premier homme de ses épreuves et de ses exploits. On ne peut faire un pas, pour ainsi dire, sur cette terre sainte et sacrée, sans que le nom d'une colline, d'une montagne, d'un lac, d'une forêt, d'un cap, d'une rivière, etc., ne rappelle quelque trait du grand poëme de Valmiki.

Assis sur le pont entre mon frère et moi, mon oncle, les yeux attachés sur Ceylan, qui grandissait dans le lointain, nous redisait les chants divers de l'*Aranyakanda*, la grande épopée des Hindous.

Voici comment, au chapitre IV de la légende, l'héroïne, la belle et douce Sita, raconte elle-même sa naissance et son mariage à une vénérable vieille, véritable type de nos fées bienfaisantes, qui lui donnait l'hospitalité dans les bois ainsi qu'à son époux Rama, alors que ce héros, déchu du trône, errait exilé dans les gorges sauvages des monts Vindhya, il a quelque quatre mille ans :

« Il y a à Mithila un roi du nom de Djanaka; possédant la connaissance du juste, fidèle aux devoirs du Kchattrya, ce héros régit dignement la terre. Ce monarque, qui est mon père, étant allé, un jour, avec ses pieuses épouses pour enceindre, avec la charrue, l'aire d'un sacrifice, fut témoin d'un merveilleux prodige. Il vit passer, flottante dans l'espace, l'*Apsaras Ménaka*, d'une beauté divine, illuminant de sa splendeur les régions aériennes. En la voyant belle comme Rati, la compagne de l'Amour, il sentit pénétrer dans son âme cette pensée, qui en amollit la fermeté : « Oh ! s'il me naissait une fille semblable « à cette nymphe, ma gloire s'en accroîtrait; ce me serait une « grande faveur, privé de fils que je suis ! » Alors, une voix qui n'avait rien d'humain — la Renommée le rapporte ainsi — proféra dans les airs ces sonores paroles : « Tu obtiendras une « fille qui égalera celle-ci par son éclatante beauté. »

« Pendant que Djanaka déterminait, la charrue en main, l'enceinte du sacrifice, voilà que tout à coup je surgis du sillon, entr'ouvrant la terre, refuge de l'homme. Lorsque le roi Djanaka m'aperçut, le corps tout couvert de poussière, agitant vers lui mes petites mains soulevées, il resta frappé d'étonnement. Puis, accourant à moi et me recueillant avec amour dans ses bras, il s'écria : « Celle-ci est certainement ma fille; je le sens « à ma tendresse pour elle. — Elle l'est effectivement, ré-« pondit une voix mystérieuse, qu'accompagnaient un concert « d'instruments célestes et une pluie de fleurs; cette toute « belle enfant, fille de ton désir et création de Ménaka, ac-« querra de la gloire dans les trois mondes, et, comme elle a

« surgi du sein de la glèbe en l'entr'ouvrant comme une plante, « ta fille sera célèbre sous le nom de Sita. » Alors fut tout joyeux le pieux roi de Mithila, mon père, et il estima qu'en m'obtenant il acquérait un précieux trésor. Il me confia à ses plus nobles épouses, comme leur propre enfant, et elles m'ont élevée avec une tendresse vraiment maternelle et les soins les plus doux.

« Mais lorsqu'il me vit à ma quinzième année, mon père se laissa aller à de graves soucis, comme un homme malheureux qui a perdu toutes ses richesses. « L'homme, pensait-il, qui « obtient en don une enfant semblable, produit de la terre la-« bourée, est exposé aux insultes de ses proches hautains, « serait-il, même ici-bas, semblable à Indra. » Et, entrevoyant dans un avenir prochain les insultes qu'il redoutait, le roi demeurait plongé dans un océan de pensées, où, comme un naufragé, battu des flots, épuisé d'efforts, il ne pouvait gagner un port. Ce souverain de la terre ne trouvait, dans ses préoccupations, aucun époux qui fût mon égal et digne de moi.

« Au milieu de ces anxiétés naquit alors en lui cette idée : « J'ordonnerai, conformément à l'usage, une solennelle assem-« blée où Sita choisira son époux. » Jadis, pendant que mon père procédait à un sacrifice, le magnanime Siva lui avait remis en dépôt un arc avec ses deux inépuisables carquois; arc si pesant, qu'en dépit des plus grands efforts, des hommes ordinaires n'auraient pu songer à le soulever et encore moins à le tendre, et que cent hommes choisis, vigoureux, robustes, jeunes et adroits, étaient à peine suffisants pour le porter. Parmi la multitude de ceux qui avaient tenté de le manier, rois ou autres mortels experts dans les armes ou tirant vanité d'eux-mêmes, personne n'avait jamais pu y parvenir.

« Mon père, ayant fait apporter cet arc à ses pieds et ayant appelé tous ses ministres, prononça au milieu d'eux cette décision souveraine : « Celui qui, après avoir soulevé cet arc, « le tendra d'une seule main, sera sur la terre l'époux de Sita. » Cette épreuve étant arrêtée pour le choix solennel de mon époux, mon père envoya des messagers à tous les rois jouissant du renom de valeureux guerriers.

« Ces princes convoqués vinrent au temps marqué; ils furent, comme dignes d'honneurs, noblement accueillis par Djanaka, et tous, introduits ensuite dans l'enceinte splendidement ornée, destinée au solennel concours, furent conduits devant l'arc. A la vue de cette arme, immense comme la trompe d'un éléphant, tous, se regardant l'un l'autre, manquèrent de résolution, et, se sentant incapables de tendre cet arc précieux, trop pesant et trop lourd pour leurs bras, ils saluèrent le roi et se retirèrent. Cette solennité nuptiale ainsi avortée, et les rois retournés chez eux, mon père estimait de plus en plus que jamais je ne trouverais mon égal pour époux. Quelque temps après pourtant, comme le magnanime Djanaka, mon père, préparait un sacrifice, survint, semblable à la pleine lune à son lever, cet illustre Raghuide, incomparable archer, les tempes ornées de boucles soyeuses. La Renommée l'avait entretenu de la force et de la pesanteur de l'arc; Rama était accompagné de son frère et du sage Viçouamitra, fils de Gadhi.

« Admis en présence du roi de Mithila, il le salua comme un ami bien connu de Daçaratha, son père. Lorsque le sage Rama, le premier, eut complimenté Djanaka et en eut reçu à son tour les félicitations et les vœux d'usage, dans le cours de la conversation, ainsi parla en souriant mon cher Raghuide au roi de Mithila, entouré de ses ministres : « Je désirerais « bien, ô mon seigneur! contempler cet arc que cent hommes, « dit-on, ont peine à soulever. Te plairait-il de me le laisser « voir?... » Le roi, mon père, prenant alors Rama par la main, le conduisit devant l'arc divin et lui dit : « Le voilà.... » Le Raghuide regarde l'arc, le soulève au grand étonnement du roi, et de ses ministres; ensuite, courbant avec une impétueuse facilité cette arme gigantesque, Rama la brise par le milieu, et en se brisant elle rend un son épouvantable, pareil au fracas de la foudre qui tombe. Assourdis par ce bruit, tombèrent à terre comme anéantis tous ceux qui étaient là, trois seules personnes exceptées, Rama, Lakchmana, son frère, et le roi, mon père. Aucun des autres assistants ne put se maintenir ferme dans son cœur devant ce prodige. La force de Rama ainsi manifestée, mon père, ému de joie, lui prodigua, avec ses ministres, des éloges dignes de sa valeur. Ensuite, étant venue moi-même présenter une coupe d'eau pure à Rama, je lui fus offerte comme épouse par mon père, désireux de tenir son serment. Mais le Raghuide n'accepta pas sur-le-champ ma main qu'on lui tendait, voulant connaître auparavant les intentions de son père, le roi d'Ayodhia.

« Le vieux monarque Daçaratha, averti, se hâta d'accourir en grande pompe à Mithila, et mon père me donna au magnanime Rama comme première épouse égale à lui.

« C'est ainsi qu'unie à Rama par le vœu de mon père et par

mon choix solennel, je suis toute dévouée d'affection à mon époux, le premier d'entre les héros. » (*Ramayana*, chant II.— *Aranyakanda*, chap. IV.)

— Eh bien! mes enfans, nous demanda notre oncle, que dites-vous de notre littérature hindoue? Le conte charmant de Sita ne vaut-il pas bien tous vos récits classiques du vieil Occident?

Nous exprimâmes notre admiration pour la naïveté et la fraîcheur du style en termes qui plurent extrêmement à notre parent, enthousiaste à soixante ans comme on l'est à vingt-cinq, savant modeste et confondant dans un même amour la France et l'Inde, qu'il saluait comme ses deux patries.

Après une légère pause, il reprit son chant, chant dont nous donnerons seulement l'analyse à nos jeunes lecteurs.

Sita, après son mariage, fut enlevée par Ravana, roi de Ceylan, géant à dix têtes et à vingt bras, qui cacha cette nouvelle fille de Léda, aussi célèbre que la fameuse Hélène pour sa grâce et sa beauté, dans le délicieux jardin d'Asokas. Pendant ce temps, l'époux désolé cherchait de toutes parts sa douce compagne avec Lakchmana, son frère, et Hanoumat, son allié. Ils vinrent à Ceylan, qu'ils parcoururent en tous sens. Enfin, Hanoumat aperçut Sita. Rama rassembla aussitôt une formidable armée pour attaquer Lanka. Un pont colossal, jeté sur l'Océan, donna passage à cette armée toute composée de braves. Inutile de dire l'éclatant triomphe de Rama, la mort de Ravana, la gloire de la vertueuse Sita, les années de bonheur qui suivirent sur la terre et qui continuent encore pour les deux héros dans l'immortel séjour des dieux.

Le conte de Rama, comme toute légende, a quelque chose d'historique, sans doute; voici le sens que lui donne la science moderne:

Environ dix-sept cents ans avant Jésus-Christ, Rama, prince de la race solaire régnante à Ayodhia et élevé dans toute la ferveur du brahmanisme naissant, se fit le défenseur armé des anachorètes missionnaires de Brahma, qui s'étaient répandus dans toutes les solitudes de l'Inde. Cette vocation si sainte le mit aux prises avec des sauvages noirs de Ceylan, des anthropophages qui venaient souvent piller jusque dans l'intérieur de l'Inde. Banni du trône par les artifices d'une belle-mère, abandonné des siens, il se fit des amis des peuplades jaunes du Dekkan, qui souffraient, d'ailleurs, des rapines et des fureurs des sauvages de Lanka, se mit à leur tête, alla chercher les anthropophages jusque dans leur repaire, les vainquit. Sa gloire fut telle, que les Koçalas, les peuples de ses pères, le rappelèrent dans Ayodhia, que les peuples du Nord et du Sud le proclamèrent leur souverain, que l'Inde entière vit en lui un sauveur et un dieu.

C'est un imposant spectacle que celui de Ceylan s'élevant graduellement du sein des eaux, alors que le soleil couchant dore encore le sommet de ses montagnes et de ses collines et que ses plaines et ses forêts sont ensevelies dans les ténèbres.

Le 7 avril, vers neuf heures du soir, nous saluâmes enfin la Pointe-de-Galle, le seul port au nord de l'île. L'entrée de ce port est si difficile, si dangereuse, que nous dûmes attendre au lendemain pour débarquer. Dès les premiers feux du jour, deux barques vinrent nous prendre à bord et nous conduisirent sains et saufs à travers l'étroit passage.

La Pointe-de-Galle est magnifiquement située. Des rocs infranchissables en gardent l'entrée du côté de la mer, tandis qu'une immense forêt de palmiers touche sur tous les autres points à ses fortifications. Rien de plus pittoresque que son aspect général, que ses maisons ombragées d'arbres gigantesques, que ses longues rues plantées et alignées comme les allées d'un parc.

Nous nous arrêtâmes peu à la Pointe-de-Galle; mon oncle avait hâte d'arriver à Candy, où l'appelait une affaire du plus haut intérêt.

Colombo, sur la route de Candy, est à vingt-cinq lieues environ du port. On y va, ou par la malle-poste qui part chaque matin, ou par une voiture spéciale à certains jours de la semaine. Le trajet est de dix heures seulement. Mais ces deux modes de voyager conviennent peu à ceux qui sont avides de tout voir. Nous louâmes donc des chevaux et nous suivîmes la grande route.

Cette route, qui est bien entretenue et qui traverse une magnifique forêt de cocotiers, est entièrement bâtie; les villages succèdent aux villages sans interruption aucune, les maisons aux maisons. Je n'ai jamais rien vu de semblable en Europe. De distance en distance, et à l'ombre des grands arbres qui bordent la route des deux côtés, s'élèvent des toits de pierre sous lesquels sont disposés des bancs où les voyageurs passent souvent la nuit : ce sont des bungalows. D'autres toits de feuilles de palmiers abritent des tables sur lesquelles sont disposés des vases de terre remplis d'eau et offerts gratuitement à tous ceux qui ont besoin de se rafraîchir.

La route est extrêmement fréquentée ; aussi y vîmes-nous des spécimens de toutes les races qui habitent Ceylan : des Cingalais, des Hindous, des Mahométans, des Malais, ceux-ci natifs de Malabar, des Juifs, des Maures, et même des Hottentots.

Les Cingalais sont certainement les plus nombreux. Ils sont généralement bien faits et ont la physionomie douce et belle, surtout les hommes. Leurs longs cheveux à demi flottants, à demi retenus par un grand peigne, les font souvent prendre pour des femmes. Les Mahométans et les Juifs se font facilement reconnaître par leurs traits plus marqués, leur tête rasée, leur longue barbe et leur turban blanc. Les Hottentots laissent tomber en désordre leur épaisse chevelure noire. A l'exception des Mahométans et des Juifs, ces peuples sont à demi nus. Les uns ne portent qu'une petite pièce d'étoffe autour de leurs jambes ; les autres, des pantalons fort courts et un petit vêtement de dessus. Quelques femmes au visage doux et expressif apparaissaient çà et là sur le seuil des huttes. Leurs vêtements sont d'une extrême simplicité ; ils consistent en un tablier attaché autour des reins, une petite jaquette qui ne couvre que la partie supérieure du corps, et un voile. Un grand nombre avaient négligé la jaquette et le voile ; les plus âgées nous parurent aussi les plus oublieuses. Leurs oreilles sont percées de toutes parts et ornées d'une quantité d'anneaux. Elles portent aussi de lourdes chaînes d'argent ou d'autre métal au cou, aux bras et aux jambes, et un anneau très-massif aux orteils.

La couleur des différents peuples de Ceylan varie du noir au brun léger. Les Hottentots sont tout à fait noirs, mais leur peau n'est point huileuse et sale comme celle des nègres.

Il est extraordinaire combien ces hommes à demi nus craignent d'être mouillés : il tomba quelques gouttes de pluie, aussitôt ils rentrèrent dans leurs maisons. Ceux qui voyageaient et qui ne pouvaient s'arrêter, se servirent, en guise de parapluie, de larges feuilles de palmiers. Ces feuilles ont jusqu'à quatre pieds de circonférence ; elles peuvent aisément couvrir deux personnes.

Si les indigènes craignent si fort la pluie, ils se soucient fort peu du soleil. Il est vrai que leur crâne est bien autrement dur que celui des Européens.

Tous les véhicules que nous rencontrâmes consistaient en lourds chariots à deux roues, traînés par des bœufs qui étaient attelés à une si énorme distance, que le conducteur se pouvait facilement promener entre sa voiture et son attelage.

Vers le soir, nous arrivâmes à Colombo, ville de soixante mille âmes environ et siége du gouvernement de Ceylan. Les maisons de cette ville, bien bâties et décorées de colonnes et de vérandas, sous lesquelles les indigènes passent ordinairement la nuit, semblent perdues sous la puissante végétation des tropiques ; elles sont toutes environnées de jardins, ou, au moins, abritées par un bouquet d'arbres.

Le lendemain, nous continuâmes notre route pour Candy.

De l'autre côté de Colombo, et à mesure que l'on s'avance dans l'intérieur de l'île, le pays change à tout instant d'aspect : ici, d'immenses rizières, qui nous rappelaient nos champs de blé de France ; là, des collines, des montagnes couvertes d'une riche végétation et offrant çà et là quelques rocs arides ; puis, des forêts de bambous, de cocotiers, de talipots aux feuilles immenses, et de plantes sarmenteuses courant d'un tronc à l'autre et formant ainsi mille et un dômes de verdure.

Nous exprimâmes, Philippe et moi, le désir de quitter un instant la route et d'essayer quelques pas sous ces voûtes mystérieuses ; mon oncle, ayant consulté sa montre, nous donna son assentiment. Vingt-quatre lieues environ séparent Candy de Colombo ; nous pouvions prendre une heure de repos et arriver encore le même soir, en pressant quelque peu nos montures. Nous laissâmes donc nos chevaux au domestique qui nous accompagnait et nous nous engageâmes dans la forêt. Philippe fit observer qu'il serait bon peut-être de bien remarquer les lieux que nous parcourions, afin de ne point nous égarer ; mon oncle sourit : nous crûmes à son sourire qu'il connaissait parfaitement ces bois, ayant parcouru déjà cent fois peut-être ces inextricables labyrinthes. Il se l'imaginait, et nous marchâmes à l'aventure, admirant le luxe de la végétation tropicale, jouissant d'une fraîcheur délicieuse à l'ombre de ces magnifiques dômes de verdure.

Je ne saurais dire le charme qui remplit mon âme dans cette vaste solitude, où le silence n'était troublé que par le bourdonnement des insectes et le cri des singes et des perroquets.

— Nul oiseau ne vient-il jamais égayer ces lieux enchanteurs ? demandai-je tout à coup, étonné de n'entendre pas le chant mélodieux du rossignol et l'aimable gazouillement des fauvettes.

— Non, répondit notre excellent parent, aucun oiseau n'habite l'intérieur de l'île, à l'exception des perroquets, des grues, des pigeons et des faisans. On croit que les serpents détruisent les œufs des petits oiseaux et les empêchent par conséquent de se reproduire. Nous avons ici quatre espèces de serpents : le cobra-capello, le plus commun, dont la morsure venimeuse n'est rien, comparée à celle du tic-polonga, qui donne la mort en quelques secondes. Ce dernier a cinq pieds de long, la tête triangulaire et le corps nuancé de brun, de gris et de jaune; il est indolent et ne mord que lorsqu'on l'irrite. Quand il a fait plusieurs blessures, il rentre dans son apathie, quoi qu'on lui fasse d'ailleurs, s'imaginant, sans doute, avoir perdu sa force et son venin. La morsure du boa constrictor n'est point mortelle; mais ce reptile, qui atteint souvent trente pieds de longueur, est d'une force extraordinaire. Il s'attaque souvent aux chèvres et au petit gibier. Il aurait bon marché d'un homme; mais il triompherait difficilement d'un lion ou d'un buffala, quoi qu'en aient dit bien des voyageurs. Les alligators, qui atteignent aussi une énorme longueur, sont très-communs dans les rivières de Ceylan.

Des serpents, mon oncle passa aux sangsues volantes, qu'on trouve en grand nombre à Ceylan, et dont je n'avais jamais entendu parler. Ces sangsues, qui n'atteignent point à la moitié de la grosseur de nos sangsues d'Europe et qui peuvent s'allonger en fils extrêmement fins et déliés, voyagent par troupes. Leurs piqûres donnent la mort ou font perdre le membre auquel elles s'attaquent. Il nous parla aussi des lézards, des scorpions et des caméléons dont l'île abonde, des insectes, singulières espèces d'insectes! les insectes-feuilles, qui prennent la forme, la grandeur, l'apparence des feuilles sur lesquelles ils vivent. L'imitation est ordinairement si parfaite, que l'on prend ces insectes pour les feuilles elles-mêmes. Mon oncle nous en fit remarquer un grand nombre sur les plantes grimpantes qui s'entrelaçaient dans les rameaux des aréquiers et des talipots.

Notre aimable guide, parlant toujours avec une volubilité extraordinaire et l'enthousiasme que nous avions remarqué dans ses discours, quand il était question de l'Inde, avait tout à fait oublié l'heure, le lieu où nous nous trouvions, et les affaires pressantes qui, le lendemain, nécessitaient sa présence à Candy. Avides de voir et de savoir, nous étions aussi tout au cours charmant d'histoire naturelle qu'il nous faisait à l'ombre des arbres gigantesques de Ceylan; nous courions d'un palmier à un autre palmier, d'une liane parasite à une autre liane, d'une fleur à une autre fleur, quand nous nous souvînmes que notre domestique nous attendait avec les chevaux de louage sur la route de Colombo. Nous voulûmes revenir sur nos pas : impossible.... Le bon vieillard fut forcé d'avouer qu'il avait trop présumé de sa connaissance de la forêt. Nous marchâmes pendant plusieurs heures sans parvenir à trouver une issue.

Mon oncle commençait à s'inquiéter sérieusement, quand le morne silence de la solitude fut tout à coup troublé par un bruit étrange : c'était le tam-tam des bonzes d'un temple de Bouddha, enseveli au fond du désert.

Expulsée des bassins de l'Indus et du Gange ainsi que du Dekkan, la doctrine de Chakiamouni, c'est-à-dire le bouddhisme dans toute son étrangeté primitive, est encore à Ceylan la religion de la majorité. Les temples mystérieux de ce culte antique se cachent dans l'épaisseur des forêts.

Nous nous dirigeâmes, en remerciant Dieu, et non Bouddha, du côté d'où venaient les sons du tam-tam, et nous nous engageâmes bientôt dans un sentier tortueux et difficile qui nous conduisit à l'escalier d'un temple rustique.

Des prêtres graves et sévères, au teint cuivré, à la tête rasée, et le corps entièrement drapé de jaune, nous introduisirent silencieusement dans une enceinte embaumée des fleurs les plus rares et les plus odorantes. Dans ce sanctuaire, nous vîmes, à la faible lueur d'une lampe d'huile de coco, un gigantesque Bouddha taillé dans le roc et peint d'orange vif et de jaune, couché et occupant toute la longueur du temple. Après la visite au dieu, nous fûmes conduits dans une salle attenante, où l'on nous servit un abondant repas, entièrement composé de légumes et de fruits. Pendant que nous mangions, des enfants élevés dans le temple agitaient devant nous des éventails, pour nous rafraîchir; d'autres nous préparaient des cigarettes de feuilles vertes ou s'empressaient autour de nous en nous offrant de l'eau et les fruits les plus délicieux.

Nous passâmes la nuit dans le sanctuaire de Bouddha.

Le lendemain, dès le matin, un guide sûr nous conduisit à Candy, où le domestique et les chevaux venaient aussi d'arriver.

Candy s'élève au sein d'une grande et fertile vallée arrosée par le cours supérieur du Mahavella-Ganga, le principal fleuve de l'île.

Les Anglais ont jeté sur le Mahavella-Ganga un pont magnifique d'une seule arche.

A la construction de ce pont se rattache une gracieuse légende. Après la conquête par les Anglais, les indigènes de Ceylan n'avaient pas renoncé au secret espoir de recouvrer leur indépendance; car un oracle avait dit qu'il était aussi impossible aux ennemis d'établir sur l'antique Kanda un empire durable et absolu que d'unir par un chemin les deux rives du Mahavella-Ganga. Quand les malheureux Candiens virent les préparatifs des travaux sur les bords du fleuve, ils sourirent de pitié, s'imaginant qu'on allait entreprendre là une œuvre impossible.... Aujourd'hui ils gémissent dans l'esclavage, soumis, résignés, n'attendant plus rien de l'avenir, puisqu'un chemin unit les deux rives du Mahavella-Ganga....

Candy, que les indigènes nomment encore avec orgueil la grande cité (Maha-Nuvara), est petite et laide, ne se composant que de deux rues qui se coupent à angle droit et que forment de misérables échoppes. Les maisons des Européens et les baraques des soldats sont construites sur les petites collines environnantes, ainsi que les établissements publics pour les affaires. Mais ce qui légitime la célébrité de la vieille capitale de Ceylan, ce sont ses seize temples, dont douze sont consacrés à Bouddha; c'est le palais de ses anciens rois, c'est son beau lac creusé de mains d'hommes, et d'une étendue de six kilomètres carrés environ.

Non loin de ce lac, orné de balustrades de pierre, s'élève le fameux temple de Dagoa. C'est là qu'est conservée une insigne relique du dieu Bouddha, l'une de ses dents!

Notre première course à Candy fut pour Dagoa.

Ce temple est petit et peu remarquable. Le sanctuaire qui renferme la relique est une petite chambre d'une vingtaine de pieds de circonférence, sans fenêtre, et tendue à l'intérieur de tapisseries tissées d'or et de soie, jadis belles, sans doute, mais maintenant ternes, sales, et curieuses seulement à cause de leur antiquité. Le centre de cette chambre est occupé par une large table, sorte d'autel enrichi d'ornements d'or et d'argent, et sur lequel repose une boîte de vermeil en forme de cône, mesurant huit pieds de diamètre à sa base et trois seulement à son sommet, ornée de pierres précieuses et fermée par trois serrures. Cette première boîte en renferme une seconde du même métal; celle-ci, une troisième, puis une quatrième, une cinquième, une sixième. Cette dernière, en or pur magnifiquement ciselé et ornée des plus riches et des plus précieux joyaux, contient la dent de la Divinité.

Les boîtes restèrent fermées pour nous : nous n'étions ni lords ni rajahs ; mais, moyennant une grosse offrande, l'un des prêtres du temple eut la politesse de nous donner en quelques mots la description de l'insigne relique, dont la beauté, dit-il, surpasse toutes choses au monde, dont la blancheur est plus éclatante que celle de l'ivoire, et dont la grosseur n'est pas moindre que celle de la plus énorme dent du plus énorme buffala.

Après la conquête de Ceylan, les Anglais s'étaient emparés de deux des clefs de la boîte sacrée. Ils les ont rendues depuis peu aux rajahs du pays, avec une solennité qui leur a gagné bien des cœurs.

Chaque année, un grand nombre de pèlerins accourent de toutes les parties de Ceylan et de l'Inde pour honorer la dent de Bouddha !...

Dans un temple attenant à celui de Dagea, nous vîmes deux gigantesques Bouddhas entièrement couchés, et devant eux, rangés symétriquement, quelques douzaines de petits Bouddhas en cristal, en verre, en argent, en cuivre. Sous le porche du temple, nous avions déjà honoré une foule de dieux de pierre : c'est un véritable musée de statues et de Bouddhas.

Nous avons visité scrupuleusement les seize temples de Candy. Les deux dont je viens de parler sont les plus remarquables. Un troisième offre ceci de curieux, que ses murs extérieurs sont ornés de fresques grossières représentant les supplices éternels qui attendent les méchants de l'autre côté de la tombe. On voit les ennemis de Bouddha roussis, grillés, rôtis sur des brasiers ardents, écrasés sous des rocs, contraints à avaler du feu, dépecés par les démons à l'aide d'épées d'où jaillissent des flammes, etc., etc.

Les prêtres, réduits à une douzaine à peu près, de cinq cents qu'ils étaient autrefois par chaque sanctuaire, habitent près des temples qu'ils desservent, dans des sortes de monastères où ils élèvent de jeunes garçons, les initiant aux mystères sacrés et aux sciences humaines. Aucune fille n'est admise dans ces écoles, les seules qui existent à Ceylan.

Nous avons visité l'une de ces écoles, établie dans l'enceinte d'un temple construit au pied d'un roc d'où l'on avait extrait un beau Bouddha de trente-six pieds de haut. Les jeunes élèves étaient alors occupés à écrire, à l'aide de stylets, sur des feuilles de palmiers.

Les principales cérémonies religieuses des bouddhistes consistent en offrandes journalières d'argent et de fleurs faites à la porte du temple aux sons du tam-tam, et en fréquentes processions.

Quelquefois, lorsque les ombres du soir descendent sur le site magique qui environne Candy, « un tintamarre inusité frappe soudain vos oreilles, un bruit sinistre et discordant d'instruments barbares ébranle les échos des forêts, le son nasillard du hautbois thibétain produit en vous un sentiment pénible, un malaise étrange, et vous voyez à la lueur rougeâtre des torches une procession d'éléphants caparaçonnés et surmontés de baldaquins qui portent des reliques de Bouddha d'un temple à l'autre. La fumée des torches répand une odeur funèbre. Bientôt vous vous trouvez au milieu de cette marche nocturne et fantastique, vous vous sentez étourdi par le bruit du tambour et des cloches qu'agitent les monstres gigantesques en marchant près de vous. Vous êtes frappé de l'expression triste et terne des visages cingalais, auxquels le reflet du bitume allumé donne un air livide et fantasmagorique. Mais tout à coup une clarté plus vive vous éblouit. Des adikars, ou chefs candiens, en costumes mythologiques de couleur blanche, dont l'origine se perd dans les temps fabuleux de cette île, s'avancent d'un pas lent et mesuré et passent comme les ombres des rois dans *Macbeth*. Puis toute la procession, s'enfonçant dans la forêt, s'évanouit comme un songe et vous laisse dans une rêverie vague, profonde, indéfinissable. Tandis que vous vous demandez si c'est une vision qui vient de troubler votre âme ou bien une réalité sublime et étrange à laquelle vous venez d'assister, les sons qui s'étaient éloignés se rapprochent. La marche fantastique revient vers le temple d'où elle était sortie, et dont l'éléphant principal monte les degrés pour être dépouillé des ornements sacerdotaux. L'entrée est obstruée; on me fait passer sous lui pour me montrer les mystères du temple. On m'en fait voir les joyaux antiques, en me citant les noms étranges des rajahs de l'Inde qui firent don de chacun de ces objets, d'un travail curieux, quoique grossier, et les masses d'or dont est couverte la dent de Bouddha, dent sacrée sur laquelle une garde anglaise veille jour et nuit; car c'est le palladium de Ceylan : sa possession garantit celle de l'île. » (Prince A. DE SOLTIKOFF.)

IV.

Le palais des anciens rois de Ceylan existe encore à Candy. C'est un beau bâtiment de pierres, orné de colonnes et environné d'un parc aux épais massifs de rocous et de magnoliers, et aux mille tapis de gazon émaillés de fleurs.

En 1814, Sri-Wikrême-Rajah-Sinha dominait encore en maître dans ce vieux palais de ses pères. Aujourd'hui son nom est pour ainsi dire oublié. En s'emparant de Ceylan, les Anglais, obéissant du reste à leur désir d'étendre leurs possessions et leurs richesses, ont accompli un acte d'humanité : les Candiens gémissaient sous le joug de fer de ce roi cruel et brutal.

Remontons un peu plus haut.

La riche Kanda avait échappé jusqu'en 1505 à l'attention des Européens avides de conquêtes, quand, à cette époque, Lorenzo d'Almeida, fils du vice-roi de Goa, vint chercher à Pointe-de-Galle un abri contre la tempête. Il soupçonna la fertilité du sol.... A compter de ce jour, Portugais, Hollandais, Français et Anglais vinrent tour à tour fonder sur les côtes de Ceylan des établissements commerciaux et des postes militaires, se disputant pied à pied une terre qui ne leur appartenait ni aux uns ni aux autres. Les Anglais l'emportèrent, et bientôt ils eurent soumis toutes les côtes habitées par les pacifiques Cingalais. L'intérieur de l'île était peuplé de Candiens proprement dits.

Les Candiens aimaient la liberté; ils repoussèrent toutes les attaques avec une noble vigueur, triomphèrent des efforts des Anglais, comme au XVIe siècle ils avaient triomphé des Portugais, et au XVIIe siècle des Hollandais. Les maîtres de l'Inde résolurent d'attendre une occasion favorable. En 1814, dix marchands cingalais de Colombo, sujets de l'Angleterre par le fait de la conquête, se hasardèrent sur les terres des Candiens. Sri-Wikrème-Rajah-Sinha les fit aussitôt arrêter et les condamna aux plus horribles tortures.

Sept de ces infortunés périrent. Les trois autres, plus robustes, furent reconduits à Colombo, portant suspendus sur leurs poitrines d'horribles colliers composés de leurs nez, de leurs oreilles et d'autres morceaux sanglants de leurs corps mutilés. C'était un défi vivant jeté à l'Angleterre.

Les représentants de la couronne britannique se disposaient à la vengeance, mais faiblement, tant ils craignaient la cruauté, la souplesse et la perfidie du peuple de Ceylan, quand un adikar ou gouverneur candien d'un district frontière leur fit des propositions secrètes et leur promit de lever l'étendard de la révolte. Peut-être Sri-Wikrème-Rajah-Sinha eut vent des démarches de l'adikar; car il le manda à la cour pour rendre raison de sa conduite. L'adikar, ne sachant que trop le sort qui l'attendait, refusa de comparaître. Le roi, transporté de fureur, se vengea sur la famille du malheureux gouverneur, qui était gardée à la cour comme otage de la fidélité de son chef. Les quatre enfants de l'infortuné furent décapités sous les yeux de leur mère; celle-ci fut contrainte de piler dans un mortier les têtes de ceux à qui elle avait donné la vie et de se nourrir de cet effroyable amalgame.... Elle fut ensuite noyée dans un étang avec sa jeune belle-sœur.... A ces horribles nouvelles, l'adikar entra en rébellion ouverte, et les Anglais marchèrent sur Candy. Le premier courrier qui osa porter à Sri-Wikrème-Rajah-Sinha la nouvelle de l'attaque des Européens, eut la tête tranchée par les ordres du prince, à cause de son *mensonge*. Un autre, qui exprima des doutes sur la fidélité de l'armée, fut empalé vivant. Le roi ne crut aux mouvements et aux victoires des Anglais que lorsque les conquérants furent sous les murs de Candy. Il ne tarda pas à tomber entre leurs mains. Il mourut après quelques années de captivité dans la forteresse de Vellore, sur le continent, où son fils vit encore.

Nous restâmes un mois à Candy, où mon oncle avait à régler

des affaires importantes. Pendant qu'il y donnait tout son temps et tous ses soins, nous faisions des excursions qui duraient quelquefois plusieurs jours. Nous visitâmes ainsi toute l'île. Nous étions ordinairement accompagnés par un vieux soldat qui avait passé sa vie à Ceylan, et dont les récits nous intéressaient au plus haut point. Un jour que, du sommet de Cyhelapola, sorte de promontoire de quatre cents mètres de haut, d'où l'on domine toute la vieille Lanka, nous admirions les sites majestueux qui s'offraient de toutes parts à nos yeux :

— Oh! n'est-ce pas avec raison, s'écria Philippe dans son enthousiasme, que les croyances de plusieurs peuples de l'Orient ont placé ici le paradis terrestre?

— Peut-être, Monsieur, fit le chasseur en hochant la tête. En tous cas, c'est le paradis après la chute de l'homme, le paradis dont il n'est plus le roi incontesté. Voilà bientôt trente ans que j'ai appris à connaître cet Éden de notre imagination, et je sais ce qu'il m'en a coûté.

Je pressai notre guide de questions, et je suis heureux de pouvoir mettre son récit sous les yeux de mes jeunes lecteurs.

« Il y a de ça, comme je vous l'ai déjà dit, trente bonnes années; j'arrivais d'Angleterre et j'étais en garnison à Kurunagalla, à une vingtaine de milles d'ici, dans la forêt, sur la route de Colombo.

« Un soir, le ciel était si pur, la brise si fraîche, que je ne pus résister au désir d'aller me promener seul sur la route de Trincomalé. Pendant que j'allais droit devant moi, devisant avec la nature et avec moi-même, j'aperçois un beau paon sur un arbre; l'envie me prend de me l'approprier, je lui jette une pierre; il s'envole, et je le poursuis. Hélas! quand je renonçai à ma chasse inutile, je reconnus, à mon grand effroi, que je m'étais égaré. Je montai alors au haut d'un arbre pour reconnaître ma position d'après celle du soleil. A peine descendu, et comme je prenais la direction supposée de mon cantonnement, je vis le chemin barré devant moi par un énorme éléphant qui battait sa tête avec ses larges oreilles, tout en agitant de droite à gauche, comme un balancier de pendule, sa grande trompe inoccupée, signe trop certain qu'il s'était établi là pour longtemps. Comme le djungle était impraticable partout ailleurs que dans la passe qu'occupait cet animal, je dus attendre qu'il voulût bien se retirer pour me faire place...., et, pendant que j'attendais, la nuit vint, et avec elle tous les épouvantements de la création s'étendirent sur la forêt : dans toutes les ombres, je croyais démêler la forme monstrueuse de quelque bête de proie; dans le concert discordant dont tous les animaux sauvages saluent cette heure de rapine et de maraude, je ne distinguais que le rauquement du tigre; tout frôlement dans la feuillée me semblait dû à l'approche de quelque éléphant qui allait m'écraser; le bruit seul de mes pas sur le gazon me donnait le vertige; à chacun d'eux je croyais heurter la mort. Enfin, épuisé de fatigue et de terreur, je pris le parti de monter sur un arbre pour y passer la nuit; mais avant de m'installer à quarante pieds du sol, j'eus soin de m'armer d'un énorme gourdin pour me défendre, en cas d'attaque, contre les ours, qui sont, dit-on, très-nombreux dans ces forêts. La nuit me parut bien longue; car, aux clartés de la lune, voyant passer sous ma forteresse aérienne plusieurs éléphants et des bandes d'animaux sauvages qui m'étaient inconnus, je n'osai céder au sommeil.

« L'aube, ayant enfin apparu à l'horizon, me permit de m'orienter du haut de mon gîte. Je reconnus à deux ou trois lieues environ les rochers de Ku-unagalla. Selon mes calculs, je devais les atteindre en quelques heures. Mais, à peine descendu, je les perdis de vue dans l'épaisseur du djungle et je m'égarai de nouveau. Hors d'haleine, accablé de fatigue, d'émotion, et souffrant déjà de la faim, je m'assis sur un tronc d'arbre mort, pour réfléchir à ma situation. Qu'allais-je devenir? Comment sortir de cet inextricable labyrinthe? La tête plongée dans mes mains, je m'abandonnais aux plus tristes pensées, lorsqu'un miaulement étrange, suivi d'un bruit peu rassurant d'os broyés, me fit jeter un coup d'œil à travers les larges feuilles d'un bananier sauvage qui me séparait d'une lagune ou étang assez profond; sur l'autre rive, à une cinquantaine de mètres au plus de moi, un tigre déjeunait d'un énorme sanglier qu'il venait de capturer. Pendant que, par un mouvement bien naturel, je me rejette en arrière et m'appuie des deux mains sur mon tronc d'arbre pour m'éloigner sans bruit de ce dangereux voisinage, l'écorce vermoulue se soulève sous mes doigts, et un hideux serpent dresse subitement, à quelques pouces de ma figure, sa tête triangulaire et son large cou; c'était un cobra-capello. Je me levai en sursaut, et, sans plus songer au tigre, je m'éloignai en toute hâte de ce trop dangereux adversaire; mais cette partie de la forêt était, à ce qu'il paraît, une résidence favorite des plus odieux reptiles; car, dans ma fuite, j'en aperçus autour de moi de toutes les grandeurs et de toutes les nuances. Un d'entre eux, que j'avais pris pour une branche morte, ondula sous mes pieds, glissa entre mes jambes et alla, à quelques pas de là, s'enrouler comme un câble autour du tronc d'un palmier; c'était un boa de sept mètres de long, dont j'avais dérangé le sommeil ou la digestion. Un peu plus loin, obligé de traverser une mare que des arbres abattus par le temps recouvraient en partie, je sentis, à mon grand émoi, un de ces arbres s'enfoncer et disparaître sous moi. Je perdis l'équilibre et tombai dans l'eau jusqu'à mi-corps. Heureusement, j'étais près de la rive, qu'un élan désespéré me permit d'atteindre et de gravir.... Le tronc pourri et verdâtre sur lequel j'avais eu l'imprudence de poser le pied était le dos d'un monstrueux alligator.

« Échappé miraculeusement aux périls entassés dans ce mauvais passage, j'atteignis les bords d'une rivière, où je m'empressai d'étancher la soif qui me dévorait. Rafraîchi et désaltéré, je résolus de descendre ce cours d'eau, dans l'espoir qu'il me conduirait à quelque lieu habité. Depuis quelques instants je marchais assez tranquillement à l'ombre des grands arbres qui revêtent ses berges, quand un bruit d'une nature nouvelle me fit lever la tête. C'était une troupe de singes qui, bien lestés et repus de noix de coco, et portés à la raillerie comme tous les heureux du monde, ricanaient de ma misérable apparence et s'amusaient à faire pleuvoir sur moi des fragments de coques vides. Leur malice m'en inspira une autre; je leur jetai des pierres, et, pour se venger, ils me lancèrent à leur tour tous les projectiles que leurs cocotiers purent leur fournir. Les noix les plus pleines, les plus fraîches, y passèrent; j'en eus bientôt une ample provision. J'étais sûr de ne pas mourir de faim tant que cette ressource me resterait; mais, la forêt devenant de plus en plus sauvage, les rives du cours d'eau de plus en plus inaccessibles, je dus m'en écarter pour me frayer un chemin, et bientôt les ténèbres se firent de nouveau, et il me fallut choisir un grand arbre pour asile et pour lit. Mais la crainte d'en tomber pendant mon sommeil, mais l'horreur de ma situation et les hurlements des bêtes fauves ne me permirent pas de fermer l'œil pendant cette nuit, la deuxième de mon égarement, et qui ne devait pas être la dernière.

« A peine l'aube eut-elle paru, que je me hâtai de descendre de ma retraite. Transpercé de rosée, transi de froid, j'avais besoin de mouvement et de soleil. Je brisai en morceaux les noix de coco qui me restaient de la veille, et, après avoir mangé le contenu de deux de ces fruits, j'enlevai les amandes des autres et les serrai soigneusement dans ma redingote, pour mes repas du soir et du lendemain. Un peu ranimé, je repris ma course à la recherche de la rivière dont je m'étais écarté. Un moment je crus entendre des voix d'hommes dans l'épaisseur du bois, à ma droite; je courus aussitôt de ce côté; c'était une fausse joie.... Je ne découvris qu'une clairière, où, sous quelques grands arbres, broutaient trois éléphants, deux grands et un petit. Ce dernier m'aperçut au moment même où j'essayais de faire une retraite prudente. Ayant couru vers ses deux gigantesques compagnons, comme pour prendre leur avis, il tourna court subitement et vint droit à moi, gambadant et folâtrant. J'avais autre chose à faire qu'à essayer de la bonne humeur de cet enfant terrible, et je détalai au plus vite, cherchant d'un œil avide quelque arbre à l'accès facile, pour m'y réfugier, quand, venant à rencontrer une racine sur mon chemin, je la heurtai du pied et tombai lourdement à quatre ou cinq mètres du jeune pachyderme, qui continuait à me poursuivre. En me voyant étendu devant lui, il recula d'abord de quelques pas; puis, s'étant rapproché, il me flaira, me toucha avec sa trompe, me tourna, me retourna doucement, et me flaira encore, accompagnant cette étude de petits mugissements de plaisir ou d'étonnement. A chaque mouvement que je lui voyais faire, je tremblais qu'il ne me foulât aux pieds ou ne me lançât en l'air, quand il serait las de jouer avec moi, comme un chat joue avec une souris.... Cependant, voyant que les deux gros éléphants ne manifestaient nul désir de prendre part aux divertissements de leur jeune enfant ou pupille et se contentaient de brouter impassiblement à quatre ou cinq cents pas de nous, je pris une résolution désespérée : je me levai vivement avec de grands gestes et de grands cris. Mon persécuteur inexpérimenté s'enfuit épouvanté, à ma grande joie; mais il n'eut pas plus tôt rejoint ses deux congénères, que tous trois, à ma grande frayeur, se précipitèrent d'un commun accord à ma poursuite, brisant ou ployant comme du jonc les jeunes arbres qui s'opposaient à leur passage. Comment fis-je pour leur échapper, je l'ignore, mais j'y parvins; la peur me prêta des ailes. Le soir de ce même jour, j'eus le bonheur de rencontrer des arbres chargés d'excellents jambos mûrs; je m'en régalai. Ce sont des espèces de pommes rouges et blanches dont la pulpe savoureuse renferme des amandes semblables à des châtaignes. Pendant que je me restaurais avec cette manne inespérée, une nouvelle nuit arriva.

« Plusieurs autres nuits et plusieurs journées pareilles aux

premières se succédèrent encore sans que je parvinsse à retrouver ma route, et sans que les bêtes fauves qui me rencontrèrent eussent la satisfaction de me dévorer. Cependant la fatigue, les émotions, les privations endurées depuis l'instant fatal où je m'étais perdu, allumèrent en mes veines une fièvre ardente. Un jour, j'arrivai à la porte d'une hutte; hélas! elle était abandonnée et en ruines. Le lendemain, je trouvai enfin un véritable sentier; un squelette humain gisait par son travers. Peut-être était-ce le cadavre de quelque infortuné, victime d'une imprudence toute semblable à la mienne. Pour remplacer mes vêtements laissés par fragments à toutes les ronces de la forêt, je dépouillai ce cadavre des habits usés qui le couvraient encore; mais mes forces épuisées ne me permirent pas d'aller plus loin. Le soir venu, j'essayai en vain de monter dans les rameaux d'un arbre; me sentant mourir et résigné à mon sort, je me laissai tomber sur les racines. C'est là qu'une troupe de Cingalais me trouva endormi ou évanoui, et me réveilla. Comme j'étais trop faible pour me soutenir sur mes jambes, ces bonnes gens me transportèrent à Kurunagalla, où je reçus tous les secours que réclamait mon état. Mes camarades, qui m'avaient appelé et cherché dans toutes les directions, me croyaient mort depuis plusieurs jours; après mon retour, ils crurent pendant longtemps que je deviendrais fou; mais les soins qu'on me prodigua me rendirent la plénitude de la raison et de la vie. »
(Colonel Campbell, *Chasses et Aventures à Ceylan.*)

Nous n'oubliâmes pas dans nos diverses courses à travers Ceylan le fameux pic d'Adam, qui s'élève à 6,500 pieds au-dessus du niveau de la mer, et dont on ne peut gagner le sommet qu'en montant des degrés mal taillés dans le roc, tout en se cramponnant à une chaîne de fer. Nous y suivîmes plusieurs centaines de pèlerins mahométans et bouddhistes. Avec les premiers, nous honorâmes le *petit* pied, de près de deux mètres de long, dont Adam a laissé la trace sur le roc; avec les seconds, nous dûmes reconnaître dans la même empreinte le pied divin de Bouddha.

Comme on le pense bien, nous fîmes aussi les pèlerinages consacrés par les adorateurs du divin Rama : ainsi nous vîmes ce champ fameux, dans les plaines de Matalé, où, après une lutte de sept jours et de sept nuits, le ravisseur de Sita, l'odieux tyran de Lanka, tomba sous les coups du prince d'Ayodhia, comme le noir Ali, le chef des démons, était tombé, aux premiers jours de la création, sous les foudres vengeresses d'Indra;

nous vîmes les cimes rocheuses des monts Doombéra, qui cachent les ruines de l'orgueilleuse cité des Rakchas, qu'assiégea le conquérant; nous vîmes, à vingt lieues de Candy, vers le sud, les rochers d'Hakgalla, encadrant les coteaux et les vallons où la tradition place les jardins d'Asokas; nous vîmes le cap Dundéra, à l'extrémité méridionale de l'île; nous nous y arrêtâmes comme Rama, non « parce que le monde finissait là, » mais parce que mon oncle nous fit dire qu'une grande partie de chasse s'organisait à Candy contre les éléphants de l'intérieur.

Nous arrivâmes la veille même de la chasse, vers dix heures du soir; n'importe, le lendemain, dès le point du jour, nous étions sur pied, suivant la troupe des sportsmen et nous dirigeant dans les plaines de Matalé.

Un kraal ou traquenard avait été préparé de longue main au fond d'une solitude déserte et sur le bord d'un torrent où les éléphants avaient coutume d'aller boire. Un traquenard est un enclos d'environ deux cents pas de diamètre, ayant pour palissade un rang serré de gros troncs d'ébéniers enfoncés en terre et liés fortement les uns aux autres. Des passages étroits aboutissent à cet enclos, aussi formé de deux rangs de poteaux. Une foule immense accourue de toutes les parties de l'île s'était placée aussi commodément que possible dans les arbres gigantesques environnant le traquenard. Quelques éléphants apprivoisés se promenaient dans l'enclos, appelant par leurs cris les éléphants sauvages, lorsque, vers le soir, à la lueur des torches, nous vîmes un troupeau de ces animaux, cerné et traqué par un millier de Cingalais armés de lances, s'engager dans les différents passages qui aboutissaient à l'enclos fatal. Quand ils furent tous rassemblés, on s'empressa de fermer les défilés avec d'énormes pièces de bois fortement attachées les unes aux autres; puis on alluma de grands feux au dehors des barrières, afin d'empêcher les malheureux captifs de tenter une évasion. Une quarantaine d'éléphants avaient été ainsi capturés. Les uns erraient dans l'enclos, cherchant une issue de toutes parts; les autres, l'œil morne, se pressaient avec angoisse. Ils se rassemblèrent plusieurs fois et unirent leurs efforts pour briser les poteaux; alors, pour les effrayer, les feux furent rallumés, et chacun des chasseurs brandit sa lance, déchargea ses armes, tandis que les curieux poussaient de grands cris.

Enfin, quelques Cingalais déterminés se hasardèrent dans l'enclos sur quatre éléphants privés, et, s'approchant du premier qui se détacha de la bande, parvinrent avec beaucoup d'adresse et de courage à lui mettre un lacet aux pieds et à le garrotter à un arbre trop gros pour qu'il pût le déraciner. Le malheureux entra dans une fureur qu'on ne saurait peindre. Les autres éléphants, témoins de sa détresse, accoururent pour le délivrer; mais les Cingalais les dispersèrent encore une fois avec leurs piques. On parvint à emmener le captif garrotté, et l'on s'occupa d'assurer une seconde prise.

Sur les quarante éléphants, vingt-trois furent capturés, onze furent tués à cause de leurs belles défenses, les autres furent remis en liberté.

Il n'arriva aucun accident, chose assez rare dans ces sortes de chasses, où l'homme a pour lui l'intelligence et l'adresse sans doute, mais où toute la force est du côté de son adversaire. Le plus grand danger consiste à tuer ces colosses du règne animal. On sait que l'éléphant n'est vulnérable que dans une seule partie, la tête, et dans un certain endroit, le milieu du crâne. Si l'on vise bien, il tombe au même instant privé de vie; si on l'atteint dans une autre partie, il est fort à craindre qu'on ne puisse échapper à sa fureur et à sa vengeance. On parvient à dompter les éléphants en les privant de nourriture pendant quelque temps. Apprivoisés, ces animaux sont doux et pacifiques. Les Européens s'en servent pour transporter les fardeaux; les indigènes en font leurs montures habituelles.

Mon oncle, ayant heureusement terminé ses affaires, nous pressa de quitter Ceylan. Nous nous y résignâmes à regret: nous aurions passé volontiers notre vie tout entière dans cette île enchantée, la plus riche perle de la couronne britannique.

Nous devions nous embarquer à Trincomalé, le principal établissement militaire et maritime de Ceylan, le Gibraltar de l'Orient et la clef de la mer du Bengale. Nous gagnâmes donc cette ville en traversant des forêts de bambous, de cocotiers, d'aréquiers, de palmiers, de talipots et de canelliers, de riches plantations de sucre, de café et de riz, des villages importants, des vallées ombragées, des plaines magnifiques. A une certaine distance de Trincomalé, la route rejoint la mer et court sur la grève le long des djungles, dans une étendue de plusieurs lieues.

John, notre vieux soldat, qui nous accompagnait jusqu'au port, ne manqua pas de nous montrer, non loin de ce port et sur le chemin de Colombo, le tombeau d'un Anglais qui avait passé sa vie à chasser les éléphants, non dans ces sortes de chasses où le nombre vient toujours à bout du puissant pachyderme, mais dans une poursuite solitaire. Il avait tué mille de ces animaux. Il manqua le mille et unième, qui, blessé et furieux, le fit rouler dans un ravin, où il se brisa plusieurs côtes. A peine guéri, le nouveau Nemrod guetta l'éléphant et le tua; mais, en rentrant dans la ville, il fut frappé de la foudre au lieu même où il est enseveli.

— Les naturels ne manqueraient pas de vous dire, ajouta John en achevant son récit, qu'Indra, le dieu du tonnerre, avait cédé, dans cette circonstance, aux prières de son éléphant céleste Airavaty, prenant fait et cause pour ses congénères d'ici-bas, dont l'Anglais avait frappé un si grand nombre.

Trincomalé est admirablement situé sur la côte nord-ouest de l'île. Son port sûr et vaste pourrait contenir toutes les flottes du monde. Nous nous y embarquâmes pour Pondichéry, où mon oncle désirait passer quelque temps avant notre départ pour notre voyage dans l'Inde.

Nous tînmes les yeux attachés sur Ceylan tant que nous pûmes apercevoir encore cette île merveilleuse. Quand je ne vis plus autour de moi que le ciel et la mer, ému de ce sentiment pénible qui trouble le cœur de l'homme en quittant un lieu qu'il ne doit plus revoir, je descendis dans ma cabine, et, pour faire trêve aux tristes pensées qui m'assaillaient de toutes parts, j'ouvris quelques livres cingalais que j'avais emportés de cette terre étrange; car Ceylan a eu ses philosophes, ses poëtes, et même, ce que n'a pas eu l'Inde, ses historiens nationaux.

V.

Nous restâmes longtemps à Pondichéry, où mon oncle, tout à fait décidé à nous suivre en France, s'occupa de la vente de la maison de commerce qu'il exploitait encore et de ses nombreuses propriétés. Il ne termina point lui-même toutes ses affaires, dont la conclusion définitive demandait au moins une année; il en chargea un ami, qui devait lui faire passer à Bombay, au moment de son embarquement pour l'Europe, les sommes immenses lui revenant de ces différentes ventes.

Enfin, après des délais sans fin, que cherchait, je crois, le vénérable vieillard pour rester quelques instants de plus dans sa solitude si aimée de Pondichéry, nous partîmes le 13 août. Ce ne fut point sans qu'il versât bien des larmes.

Voici quelle était notre intention : visiter Sadras et Madras, nous embarquer dans cette ville pour Balasore, pousser jusqu'à Djaggernat, revenir sur les côtes, et nous embarquer de nouveau, cette fois pour Calcutta, où nous nous promettions quelque temps de repos.

Une marche un peu forcée nous devait conduire à Sadras dès le soir du même jour; mais nous perdîmes beaucoup de temps sur les rives du fleuve Paliar, alors extraordinairement gonflé par les pluies.

J'ai emporté de ce fleuve un bien bon souvenir, l'un de ces souvenirs de gaîté, d'hilarité, qui ne s'oublient jamais : il s'agissait de traverser le fleuve dans une de ces embarcations de mode primitif, qui ont disparu depuis des siècles ou qui n'ont même jamais existé sur nos rivières d'Europe. Figurez-vous une petite corbeille circulaire en osier, revêtue de cuir à l'intérieur.

Mon oncle, habitué à la chose, s'élança au plus vite dans le panier, auquel sa forme ronde imprima aussitôt un mouvement rotatoire qui nous fit rire aux larmes. Nous rîmes un peu moins quand vint notre tour de passer le torrent : livrés aux singulières évolutions d'une toupie, nous ne pûmes bientôt plus distinguer le point d'où nous nous éloignions de celui où nous allions aborder. Nous dûmes rester quelques moments étendus sur l'herbe, incapables de faire un pas après notre valse forcée.

Sadras, site charmant de la côte, est une vieille colonie des Hollandais, florissante dans le dernier siècle, complétement ruinée aujourd'hui. La ville est grande, mais pauvre. Nous y visitâmes une antique pagode habitée par un brahmane et un grand nombre de Devadashies, qui exécutèrent devant nous les danses les plus gracieuses.

Ces bayadères du Sud, achetées jeunes à leurs parents pour le service du grand Bouddha et élevées dans ses temples, avaient une mise simple et modeste, un ton réservé, un maintien presque sévère. Nous pûmes remarquer que leur éducation avait été beaucoup plus soignée que celle de toutes les femmes que nous avions encore rencontrées dans l'Inde. Outre le chant et la danse, arts dans lesquels elles excellaient également, elles savaient lire et écrire de la manière la plus agréable.

De Sadras, nous suivîmes la côte jusqu'à Madras. Nous fîmes une halte pendant ce court voyage. Ce fut aux ruines de la cité des Sept-Pagodes, la célèbre Maha-Malipour ou Balipour, qui fut une des capitales de la dynastie lunaire des Pandawas. Ses vestiges couvrent les roches de la plage sur une longueur d'une lieue environ. Ils s'étendent jusqu'au milieu des flots; ce qui témoigne des envahissements de la mer. Ces rochers, déjà si majestueux, si pittoresques par eux-mêmes, sont sculptés en temples, en portiques, en bas-reliefs, presque tous portant les attributs du dieu Vichnou. Nous n'avions pas vu encore les monuments merveilleux d'Éléphanta et d'Ellora ; aussi examinâmes-nous les ruines de la cité des Sept-Pagodes avec admiration. Mais, en dépit du nom de l'ancienne cité Balipour, qui indique clairement sa consécration au grand Bali, nous ne pûmes découvrir qu'un bas-relief se rapportant à l'histoire de ce dieu : il représente le Titan assis sur son trône; dans cet instant, sans doute, un Vichnou, sous la figure d'un brahmane nain, lui vint demander trois pas de son vaste empire et revêtit subitement cette forme céleste et incommensurable que décrit ainsi le *Bhagavata;* car le Titan a une expression d'angoisse et de ferveur, malgré la gloire qui l'environne :

« ... Aussitôt cette forme de nain grandit d'une manière miraculeuse, car elle réunissait en elle-même les trois qualités de Hari, l'Être infini, qui contient en son sein la terre, l'atmosphère, les points de l'horizon, le ciel, les espaces vides, les mers, les animaux, les hommes.

« En voyant l'ensemble de l'univers dans l'âme universelle, les Asuras tombèrent en défaillance....

« Paré d'une aigrette, de bracelets et de pendants d'oreilles en forme de poissons étincelants, portant des joyaux précieux, une ceinture et de riches vêtements, entouré d'une guirlande de fleurs des bois recherchées des abeilles, on voyait resplendir Bhagavat, le dieu aux grands pas.

« D'un pas il franchit la terre que possédait Bali, remplissant de son corps l'atmosphère et touchant de ses bras l'horizon; du second pas il envahit le ciel; au troisième pas, il ne lui resta plus un seul atome à occuper, et il dominait de haut la création. »

Nous fîmes aumône à quelques brahmanes, qui vivent misérablement dans des huttes de feuillée, à l'ombre de ces rochers fantastiques, recevant pieusement les pèlerins vichnouvites que la ferveur amène dans ce lieu, et racontant aux voyageurs curieux la fameuse légende de Bali; puis nous continuâmes notre route, impatients de gagner Madras. Mon frère aurait voulu pousser vers l'ouest et assister à quelque procession dans la sainte cité de Coudjévéram, où une population de cinquante mille habitants, marqués au front et à la poitrine de jaune et de blanc horizontalement ou perpendiculairement, selon qu'ils servent Siva ou Vichnou, passent leur vie, au milieu de leurs brahmanes sans nombre, de leurs bayadères gracieuses, de leurs éléphants, de leurs vaches et de leurs singes, à entretenir d'encens, de fleurs et de beurre fondu une multitude de pagodes; mais mon oncle nous fit observer que nous devions nous rendre à Djaggernat, la ville des cérémonies bouddhiques par excellence, et il renonça à ce projet.

Madras, chef-lieu de la seconde présidence de l'Inde, résidence d'un gouverneur, de trois conseillers, d'une haute cour de quatre membres et de trois secrétaires d'État, est bâtie dans un site charmant et est environnée de toutes parts d'avenues majestueuses, sous le frais ombrage desquelles s'élèvent de délicieuses villas. Elle est partagée en deux villes : la blanche et la noire. Les jolies maisons aux toits en terrasses et les belles rues ombragées d'arbres de la première, la font ressembler à une coquette cité d'Europe. Si l'on en sort pour pénétrer dans la seconde, on croit avoir franchi tout un monde : ce ne sont plus que de misérables huttes de boue entassées les unes sur les autres et dominées çà et là par les flèches de quelques mosquées ou les panaches mouvants des figuiers sacrés; ce n'est plus qu'une population bronzée dormant ou faisant des ablutions en pleines rues.

Il n'y a guère à voir à Madras que la cathédrale de Saint-Georges et l'hôtel du gouverneur.

Nous ne passâmes que quatre heures dans la ville, voulant profiter d'un bateau à vapeur en partance pour Balasore. Pendant ce peu de temps, nous ne manquâmes pas de faire une pieuse station à la petite colline de Meilapour, désignée par la tradition comme le théâtre du martyre de saint Thomas, apôtre de l'Inde. Il est singulier qu'à l'époque présumée de la mort du saint, chrétiens et idolâtres se rencontrent au pied du petit autel consacré sur la colline à la gloire du martyr, le cœur plein de vœux et les mains chargées d'offrandes.

De Balasore, nous nous rendîmes en palanquins à Djaggernat.

Djaggernat est la ville religieuse par excellence. Tous les autres temples ont une procession chaque année; celui de Djaggernat en a une tous les mois. Krichna, le grand dieu de la localité, reçoit à la fois les hommages des vichnouvites et des sivaïtes; c'est le seul autel peut-être où ces sectaires se rencontrent; aussi que d'adorateurs y accourent de toutes les parties de l'Inde!... On évalue à plus de trois cent mille le nombre des pèlerins qui viennent chaque année faire leurs dévotions à Djaggernat. Mais combien meurent épuisés de fatigues, arrivés au terme de leur course! Le collecteur anglais du district élève au chiffre de cinq mille les malheureux trouvés morts seulement sur les chemins de Cuttak à Djaggernat. Les vautours et les chacals, très-communs dans les environs, se nourrissent constamment de chair humaine.

Nous eûmes le bonheur d'arriver à Djaggernat la veille de l'une de ces solennités mensuelles. Comme on le pense bien, nous passâmes la nuit dans cette petite ville, pour jouir du spectacle de la cérémonie.

Impossible de se faire une idée d'une telle procession, quand on ne l'a point vue.

Figurez-vous un énorme char massif, sur les côtés duquel sont représentées des figures obscènes, porté sur quatre grosses roues pleines et soutenant un édifice haut quelquefois de plus de seize mètres. Sur cet édifice pyramidal, composé de plusieurs étages de charpente cachés sous des tentures de toile peinte, d'étoffes précieuses, de guirlandes de feuillage et de fleurs, repose, sous une châsse, l'idole, tronc informe de bois à peine ébauché, couverte de joyaux de grand prix, et dont l'intérieur est censé contenir les cendres de Krichna. Un essaim de danseuses, magnifiquement parées, couvrent les gradins du char, les unes agitant devant le dieu des éventails de plumes de paon, les autres déployant des banderoles et balançant en tous sens des panaches de queues d'yacks. Plus de mille personnes, attelées à de grands câbles, traînent le char, qui n'avance que lentement au milieu d'un cortége d'hommes, de femmes, d'enfants, qui chantent, crient, hurlent, vocifèrent ou pleurent, tandis qu'un orchestre, le plus discordant qu'on ait pu imaginer, cherche, par ses effroyables fanfares, sans y parvenir jamais, à dominer toutes ces voix et ce bacchanal épouvantable. Mais ce n'est pas tout. Les chants, les cris, les vociférations appartiennent à ceux qui célèbrent joyeusement la fête; d'autres honorent le dieu Krichna d'une autre manière; ceux-ci se disputent sérieusement l'honneur de se faire écraser sous les roues du char, et chaque cérémonie voit toujours un grand nombre de ces martyres volontaires. Quelques-uns aussi, « accrochés, par un crampon de fer enfoncé sous les muscles des épaules, à un mât tournant sur pivot, décrivent dans les airs de sanglantes spirales... »

Telles sont les pompes religieuses de Djaggernat, pompes célèbres dans toute l'Inde, et qui ne nous ont laissé qu'un souvenir de dégoût et d'horreur.

Nous nous éloignâmes bien vite de ce théâtre de l'absurdité humaine, regagnâmes Balasore, et, dès le lendemain, nous nous embarquâmes pour Calcutta.

VI.

Le 28 août, à cinq heures de l'après-midi, nous jetâmes l'ancre devant Kadschéri, à l'entrée du Gange et à vingt lieues environ de Calcutta, où nous ne pouvions arriver le soir même.

A Kadschéri, le Gange a plusieurs milles de largeur; quand on est sur l'un de ses bords, il est par conséquent impossible d'apercevoir l'autre rive.

Le lendemain, dès le point du jour, on leva l'ancre, et nous entrâmes dans l'Hougly, l'une des sept branches du Gange.

L'Hougly baigne des plaines magnifiques qui s'étendent à perte de vue et qui offrent des productions variées : ici, des rizières; là, des plantations de sucre, des bosquets de palmiers, de bambous et d'autres arbres qui croissent jusqu'au milieu des eaux. Mais pas un village, pas une hutte, pas une figure humaine dans ces plaines immenses. Ce n'est qu'à huit ou neuf lieues de Calcutta que nous rencontrâmes le premier village. Rien de plus pauvre, de plus misérable : de petites cabanes d'argile et de branches de bambous, couvertes de tuiles ou de feuilles de riz et de palmier, et habitées par des hommes à demi nus.

Un peu plus loin, et à six lieues environ de Calcutta, nous vîmes sur les bords du fleuve un établissement considérable qu'on nous dit être une filature de coton. Depuis cet établissement jusqu'à la ville, ce ne sont plus, sur les deux rives de l'Hougly, que des palais magnifiques bâtis dans le style grec et le style italien, et ornés de colonnes et de terrasses. La rapidité avec laquelle nous remontions le fleuve ne nous permit pas de les assez bien examiner pour en donner une exacte description.

A mesure que nous approchions de Calcutta, augmentait le nombre des vaisseaux qui nous précédaient, nous suivaient, ou que nous croisions. Je remarquai que les embarcations légères différaient essentiellement de celles que nous avions vues. C'étaient également de larges bateaux plats, mais élevés à l'arrière de sept pieds environ au-dessus de l'eau et inclinés à la proue de manière à n'offrir qu'un demi-pied de hauteur.

Nous débarquâmes à Gardenrich, à plus d'une lieue de Calcutta.

Nous montâmes aussitôt en palanquins pour nous rendre chez sir Edwards, haut fonctionnaire anglais et grand ami de mon oncle.

Nous traversâmes, suivant toujours les rives de l'Hougly, plusieurs places plus magnifiques les unes que les autres, ornées de somptueux palais et de charmants jardins. Nos porteurs s'arrêtèrent enfin devant l'une de ces splendides villas : c'était la demeure de sir Edwards.

Inutile de dire l'aimable accueil qu'on nous fit. Après les premiers bonjours, pensant avec raison que nous devions être fatigués, on nous conduisit dans un appartement meublé avec toute la recherche et l'élégance du luxe indien, et composé de trois chambres à coucher, de trois salles de bain et d'un salon.

Rien ne saurait donner une idée de la vie de nos Européens dans l'Inde et surtout à Calcutta. Chaque famille y habite un palais dont le loyer annuel revient à peu près, et nous parlons ici des moindres, à 7 ou 8,000 fr. Le domestique se compose ordinairement de vingt-cinq à trente personnes. Nous avons été présentés par sir Edwards dans certaines maisons où l'on comptait jusqu'à soixante-dix ou quatre-vingts serviteurs. Sont indispensables : deux cuisiniers, un marmiton, deux porteurs d'eau, quatre hommes pour le service de la table, quatre femmes de chambre, un nettoyeur de lampes, deux cochers, deux jardiniers, deux tailleurs, une nourrice et une servante pour chaque enfant, une femme de chambre pour les demoiselles, une fille pour les nourrices, six grooms et un porteur. On doit avoir en outre un groom pour chaque cheval, et l'on ne compte jamais moins de six à vingt chevaux dans les écuries de nos Européens.

Les gages des domestiques varient de 10 à 28 fr. par mois.

Aucun d'eux n'est nourri dans la maison, peu y demeurent; ils sont, pour la plupart, mariés, et prennent leurs repas et leur logement de nuit dans leur famille. Leurs habits sont à leurs frais, à l'exception du turban et de la ceinture, qui leur sont donnés par les maîtres.

Quel que soit le nombre des domestiques, jamais le linge n'est blanchi à la maison. On paie environ 8 fr. par cent pièces de linge. Aux Indes, les habits de dessus et de dessous sont tous blancs, et l'on en change deux fois ou plus par jour.

Les denrées ne sont point chères; mais les habits, les meubles, les voitures, les chevaux sont d'un prix exorbitant. Les trois premiers articles sont importés d'Europe; les chevaux viennent d'Europe, de la Nouvelle-Hollande ou de Java.

Au premier abord on est tenté de condamner les dépenses énormes que font les Européens pour leurs serviteurs. Leur premier mobile a été de ne paraître en aucun point inférieurs aux rajahs, qui s'entourent d'une suite brillante. Il serait d'ailleurs impossible d'avoir un nombre moindre de domestiques, les Hindous étant divisés en castes, castes jalouses de leurs priviléges et ne voulant se confondre pour rien au monde. Ainsi, celui qui a soin des chambres ne pourrait se décider à servir à table, il se croirait déshonoré; tandis que la nourrice a une trop haute idée d'elle-même pour mettre un enfant au bain.

Les quatre grandes castes des Hindous sont les *brahmanes*, les *chattryas*, les *vaïshias* et les *soudras*.

« Au principe des choses, dit le code de Manou, le créateur suprême fit sortir les brahmanes de sa tête et leur donna en partage l'enseignement des védas, l'accomplissement du sacrifice, la direction des sacrifices offerts par d'autres, le droit de donner et celui de recevoir.

« Il imposa aux chattryas, qu'il tira de son bras, la fonction des armes, la protection, la charité, l'abnégation, la lecture des livres sacrés et la tempérance dans les plaisirs des sens.

« Le soin des bestiaux, l'aumône, le sacrifice, l'étude des livres saints, le commerce, le prêt à intérêt, la culture de la terre sont les fonctions allouées aux vaïshias, qu'il tira de sa cuisse.

« Mais le souverain maître n'assigna aux soudras, issus de ses pieds, qu'un seul office, celui de servir les classes supérieures sans déprécier leurs mérites. »

Pour immobiliser ces grandes démarcations, le mélange des castes par l'union des sexes fut rigoureusement défendu. Mais cette loi fut bien des fois enfreinte, et naquirent un grand nombre d'enfants qui n'appartenaient à aucune caste.

« L'idée primitive de classification était si bien enracinée, qu'on finit par trouver des places pour caser ces excroissances du corps social sans rien changer à sa constitution. Le législateur s'en servit même pour développer et compléter le système fondamental. Il enferma, parqua dans les industries, dans les métiers, dans les arts, ignorés à l'époque de la première division et nés depuis des progrès naturels de l'esprit humain, les hommes issus du mélange des anciennes castes, de sorte qu'il y eut autant de classes sociales qu'il y avait de professions, chacune de celles-ci ayant à peu près la même organisation que les anciennes corporations européennes.

« Le nombre de ces classes intermédiaires ou mélangées fut d'abord fixé à trente-six; mais on conçoit qu'il ne pouvait s'arrêter là; car une fois le principe de la subdivision des castes admis, la moindre circonstance a pu suffire à donner naissance à une classe nouvelle, qui s'est perpétuée, préparant d'autres croisements; de sorte que le nombre des sous-castes n'a pas cessé de s'accroître, et qu'on en découvre de nouvelles à mesure qu'on pénètre plus avant dans la connaissance de l'Inde.»

Les Hindous de toutes les castes entrent au service des Européens, quand ils y sont contraints par la pauvreté. Mais il y a une énorme différence dans les travaux auxquels ils s'engagent; les moins avilissants et les plus doux sont réservés toujours à ceux des castes supérieures.

Les hommes s'occupent aux ouvrages réservés aux femmes en Europe. Ainsi ils font de la tapisserie et brodent, lavent et repassent, raccommodent le linge, et se placent comme bonnes d'enfants.

Outre les quatre castes principales et leurs nombreuses subdivisions, il existe une cinquième grande classe, les *parias*. Pas de sort plus affreux que celui de ces malheureux êtres, l'objet du mépris de tous. Ce mépris va jusque-là, que si un Hindou touche en passant un de ces infortunés, il se croit souillé et se baigne à l'instant. S'il arrive qu'un Hindou prenne nourriture seulement une fois chez un paria, il perd sa caste et ne peut obtenir sa réhabilitation qu'en payant une somme considérable. Tous les temples sont fermés pour les parias; les villes leur sont interdites. Véritables bêtes de somme, employés pour les travaux les plus grossiers, les plus dégoûtants et les plus pénibles, à demi nus ou couverts de sales haillons, ils abritent leur misère et leurs souffrances sous les plus pauvres huttes et n'ont pour nourriture que des restes infects ou du bétail mort de maladie.

Les Hindous se nourrissent généralement de riz, de fruits, de poissons et de légumes, leur religion leur défendant comme un crime l'immolation des animaux. A soixante-dix sectes cependant l'usage de la viande est permis. La tempérance est une de leurs qualités les plus remarquables; ils se contentent, pour la plupart, de deux repas par jour, l'un le matin et l'autre dans la soirée. Ils boivent de l'eau ou du lait, quelquefois aussi du vin de palmier.

Les Hindous sont en général de moyenne stature, minces et délicats. Ils ont les traits doux et agréables, le nez proéminent, les lèvres pincées, les yeux beaux, les cheveux noirs et lisses, et le teint variant, selon les localités et le climat, du brun foncé au brun clair. Les femmes des classes élevées ont la peau presque blanche.

Il y a un grand nombre de mahométans aux Indes. Actifs et entreprenants, ils se sont emparés de presque tout le commerce et exercent toutes sortes de professions. Il y a aussi des Chinois, qui, pour la plupart, sont cordonniers.

Calcutta, capitale du Bengale, est bâtie sur l'Hougly, qui, en cet endroit, est extrêmement large et si profond, que les plus grands vaisseaux peuvent mettre à l'ancre devant la ville. Elle compte environ six cent mille âmes. Il n'y a pas plus, outre les troupes, de deux mille Européens ou Américains.

Calcutta se divise en trois parties : la ville des affaires, la ville noire et le quartier des Européens.

La ville des affaires et la ville noire sont fort laides, ne renfermant guère que des rues sales, tortueuses et étroites, formées de misérables huttes au milieu desquelles on remarque quelques comptoirs et quelques magasins, et, çà et là, un modeste palais. Dans chaque rue, coule un petit canal dont les eaux servent aux nombreuses ablutions de chaque jour. Ces deux quartiers sont tellement peuplés, et il y a constamment dans les rues une telle affluence, que, lorsqu'une voiture les traverse, des serviteurs sont obligés de la précéder, afin de lui faire livrer passage.

Le quartier des Européens est appelé la cité des palais, et son nom est, en vérité, bien mérité. Il faut savoir qu'à Calcutta, comme à Venise, la dénomination de palais est appliquée à toutes les maisons d'une certaine grandeur et d'une certaine apparence. Pour la plupart, ces maisons, vraiment magnifiques et décorées de colonnes et de portiques de marbre, sont bâties au milieu de jardins entourés de murs élevés, de sorte que l'on voit peu de rues ou de squares d'un bel effet. Entre tous ces palais, celui du gouverneur se fait remarquer par sa noble architecture. Il serait un ornement pour la plus belle ville du monde

Il a la forme d'un fer à cheval. Le centre est occupé par une superbe coupole. De riches colonnes de marbre soutiennent le portique et ornent les deux ailes. La salle de bal, décorée de colonnes enduites d'un ciment d'une blancheur éclatante, et dont le plancher est en marbre d'Agrah, est vraiment magnifique. Une idée singulière a fait placer la salle des grands soupers au-dessus de cette salle de bal. Les deux salles sont toutes semblables.

Parmi les autres monuments de Calcutta, on peut nommer l'hôtel de ville, l'hôpital, le musée, la colonne d'Ochterlouy, la Monnaie, et la cathédrale anglaise.

L'hôtel de ville est magnifique. La salle principale, c'est-à-dire celle où s'assemblent les conseils, les meetings, et où se donnent les bals et les concerts, occupe tout un étage. Quelques monuments de marbre y sont élevés à la gloire d'hommes illustres des temps modernes.

L'hôpital se compose de plusieurs maisons au milieu d'une belle et vaste prairie. L'une de ces maisons est destinée aux hommes, la seconde aux femmes et aux enfants, et la troisième aux fous. Les chrétiens seuls y sont admis.

L'hôpital pour les indigènes est construit sur le même plan, mais il est incomparablement plus petit. Ceux des malades qui n'y peuvent être admis y obtiennent des drogues et des médicaments sans rétribution aucune.

Le musée, fondé seulement en 1836, possède une riche collection de squelettes et de quadrupèdes. Il y en avait une autre assez complète d'insectes, mais elle est aujourd'hui en fort mauvais état. Ce musée est ouvert chaque jour. A notre grand étonnement, nous y avons toujours rencontré des indigènes, qui paraissaient apporter la plus grande attention aux richesses scientifiques qui les entouraient. L'une des choses que nous avons le plus admirées dans ce musée, est un plan du Tadge-Mahal d'Agrah.

Le monument d'Ochterlouy est une simple colonne de marbre, élevée à la mémoire de cet homme aussi illustre par ses talents diplomatiques que par ses exploits. Nous avons monté les deux cent vingt-deux marches de cette colonne et nous avons joui d'une vue délicieuse, dominant de ce lieu élevé toute la ville et la campagne environnante. La campagne est cependant assez monotone; elle n'offre que d'immenses plaines qui s'étendent de toutes parts jusqu'à l'horizon.

Près du monument d'Ochterlouy, s'élève une gracieuse mosquée dont les tours et les nombreuses coupoles sont ornées de boules de métal doré, qui, étincelant au soleil, produisent un effet magique. A l'entrée de la petite cour qui environne cette mosquée, nous dûmes quitter nos souliers. L'intérieur de ce sanctuaire, du reste peu remarquable, est pavé de marbre d'Agrah, très-commun à Calcutta. Il n'est orné que de quelques piliers de pierre et de lampes de verre suspendues à la voûte.

La Monnaie est un beau monument. Nous le visitâmes. Mon oncle nous assura que les machines et les procédés qui y sont employés sont les meilleurs du monde.

Le fameux trou noir où le rajah Suraja-d'Owla jeta cent cinquante des principaux prisonniers, quand, en 1756, il s'empara de Calcutta, sert maintenant de magasin. Une colonne, sur laquelle sont gravés les noms des victimes, rappelle seule cet acte épouvantable de cruauté.

Le jardin botanique, planté à une lieue de la ville, est une véritable merveille, avec ses arbres magnifiques et nombreux, ses plantes rares, ses fleurs délicieuses dispersées çà et là en bouquets sur un gazon toujours vert. Et pourtant, après un siècle seulement d'existence, il n'est déjà plus au temps de sa splendeur. Au docteur Vallich, son fondateur, avait succédé le docteur Griffith, sorte de Vandale qui s'était empressé de détruire les beautés de ce parc admirable, et entre autres une allée de cycas des Moluques, dont les troncs étranges, les rainures entre-croisées et les folioles légères rappelaient les piliers, les voûtes, les nervures, l'ornementation et les ombres mystérieuses d'un monument gothique. Il a heureusement respecté deux bananiers, de l'espèce des figuiers, et qui s'élèvent à une hauteur de quarante pieds.

Quand le tronc des arbres de cette espèce est parvenu à quinze pieds environ du sol, il sort de ce tronc comme une couronne de petites branches qui prennent une direction horizontale. A une certaine distance, poussent d'autres branches minces comme des fils, qui descendent verticalement et vont prendre racine, pour répéter, quand elles sont suffisamment grosses, le même phénomène. On conçoit ainsi qu'un seul arbre puisse arriver à former une forêt tout entière. Ces arbres sont regardés comme sacrés par les Hindous. Dans le fond des forêts, on élève des autels à Rama dans ces bosquets naturels, et les brahmanes rassemblent les jeunes gens sous leur ombrage, pour les instruire.

Le plus vieux des bananiers du jardin botanique de Calcutta occupait avec sa famille une étendue de plus de six cents pieds, quand nous l'avons vu. Le tronc original avait alors cinquante pieds de circonférence.

Hâtons-nous de dire que le successeur du docteur Griffith a travaillé à rendre au jardin botanique de Calcutta sa première splendeur.

Après le palais du gouverneur, le monument le plus beau de Calcutta est, sans contredit, le collége. Il se compose de plusieurs bâtiments, dont l'un est affecté à la bibliothèque immense que possède l'établissement, et qui est constamment ouverte aux jeunes gens. Elle était entièrement déserte quand nous la visitâmes, et nous pûmes bientôt mieux apprécier encore le zèle des élèves pour leur instruction : nous tirâmes un volume des rayons; en même temps, sortit de ces rayons poudreux un essaim d'abeilles, qui se répandirent de toutes parts et nous forcèrent à la retraite.

VII.

Mon oncle nous conduisit aussi, à Calcutta, chez un riche nabab, dont il avait fait anciennement la connaissance.

Ce nabab, qui nous reçut dans un vaste salon meublé à l'européenne, portait une large robe de mousseline blanche, sur laquelle était négligemment jeté un châle indien qui l'enveloppait jusqu'aux pieds, afin de remédier à la trop grande transparence de la mousseline. Peut-être le châle avait-il été ajouté à la toilette à l'intention d'une dame européenne dont, ce même jour et à la même heure, le nabab recevait la visite.

Cette dame nous fit remarquer la riche bibliothèque de l'Hindou, dans laquelle étaient rassemblés tous les chefs-d'œuvre de la littérature anglaise, évidemment dans l'unique but de l'ostentation et du luxe; car les ouvrages étaient rangés pêle-mêle sur les rayons, le titre en haut ou en bas.

Nous demandâmes à voir les enfans du nabab : Il fit aussitôt venir deux petits garçons, l'un de sept ans, l'autre de quatre, dont la physionomie était charmante et la grâce accomplie.

Notre compatriote, ignorant, sans doute, les usages hindous, qui ne permettent pas qu'on s'occupe d'une femme, tant la femme est regardée comme peu de chose, s'informa de la femme et des filles de notre hôte. Celui-ci répondit, contre notre attente, d'une manière fort aimable, et nous engagea à visiter sa maison, tandis que l'Européenne aurait la faveur de voir et d'entretenir les dames.

Quant à nous, il était impossible qu'il nous fît la même politesse, car jamais les femmes hindoues ne voient d'hommes. La fiancée ne connaît même pas son futur époux avant la célébration de ses noces, et jamais la mère n'entrevoit celui à qui sa fille doit être unie.

C'est un opprobre pour un père de ne point marier ses enfants; il s'occupe donc constamment de ce soin. Dès qu'il a trouvé un gendre, il énumère à sa femme les qualités du jeune homme, et la pauvre mère doit se contenter de ces quelques indications. Aussitôt après le mariage, le mari a grand soin de laisser la jeune épouse dans un parfait repos, afin qu'elle engraisse promptement; car les Hindous, comme les mahométans, font consister toute la beauté d'une femme dans son embonpoint. La femme vit toujours, du reste, reléguée au fond de ses appartements, ne sortant qu'une fois par hasard en palanquin bien fermé, pour une visite à sa mère ou à quelque parente.

Nous laissâmes donc notre compatriote dans le grand salon à l'européenne et nous suivîmes notre hôte dans les appartements intérieurs.

Ces appartements sont, pour la plupart, garnis de tapis et de coussins, les Hindous aimant peu les chaises, les fauteuils et les lits. Dans quelques-uns pourtant, nous remarquâmes des meubles européens.

Le nabab nous montra aussi avec une satisfaction particulière une pièce renfermant des poupées, des équipages en miniature, des chevaux de bois et autres jouets. Les femmes et les enfants s'amusent également de ces riens. Les femmes sont passionnées en outre pour les cartes et les échecs.

Au rez-de-chaussée, il nous introduisit dans une vaste salle consacrée à la célébration de l'une des fêtes religieuses les plus importantes, célébration qui se renouvelle tous les ans.

Cette fête, appelée *natch*, a lieu dans les premiers jours d'octobre et dure une quinzaine, pendant laquelle ni le riche ni le pauvre ne doivent travailler. Le maître ferme ses boutiques, le serviteur engage un remplaçant, choisi de coutume chez les mahométans, et maître et serviteur s'adonnent à la prière et au repos.

Le nabab nous expliqua que, dans ces occasions solennelles, la salle est richement décorée. Une statue de la déesse à dix bras, Dorga, est élevée au milieu d'un autel magnifique, sur lequel brillent mille lampes entremêlées de fleurs. Des lampes et des fleurs ornent aussi les autres appartements de la maison, les cours et la voie publique, jusqu'à une certaine distance. La statue de Durga, faite d'argile et de bois, est peinte des couleurs les plus vives et couvertes d'oripeaux, de rubans aux mille nuances et de joyaux vrais ou faux. Des animaux lui sont offerts en sacrifice dans quelque coin retiré du logis, et des prêtres et des femmes dansent constamment devant elle aux sons assourdissants du tam-tam.

Ces danseurs des deux sexes se font largement payer, non-seulement à l'occasion du natch, mais en tous temps. Ici, à Calcutta, nous avons vu une danseuse persanne qui ne paraissait jamais que moyennant la somme exorbitante de 1,250 fr.

Le dernier jour de la fête, la statue de la déesse est enlevée de la salle avec une grande pompe et portée, en cérémonie et au son de la musique, sur les rives de l'Hougly. Après mille et une adorations, on la précipite au milieu du fleuve, aux grands applaudissements de la multitude.

Autrefois les vrais joyaux qui la couvraient étaient sacrifiés avec elle. Il est vrai de dire que ces objets précieux n'étaient point perdus pour tout le monde; car les prêtres de Durga avaient grand soin de les repêcher pendant la nuit. Aujourd'hui, celui qui offre la fête substitue, au dernier jour, de faux bijoux aux joyaux véritables. Mais il lui faut agir avec la plus grande circonspection, afin de n'être point vu du peuple.

Un natch coûte des sommes immenses; aussi appartient-il aux riches et aux grands personnages seuls d'en célébrer.

Les mariages coûtent aussi beaucoup, nous dit encore notre hôte, qui nous annonçait avec un bonheur inexprimable qu'il venait de fiancer sa fille aînée, âgée seulement de neuf ans.

L'âge de la future épouse, la joie que laissait éclater le père nous surprirent étrangement. Mon oncle nous rappela le déshonneur qui suit le célibat prolongé d'une jeune fille. Plus la fiancée est jeune, plus le mariage est honorable pour son père et pour elle.

Il paraît que le jour et l'heure d'un mariage sont toujours fixés par les brahmanes, qui préalablement ont consulté les étoiles. Souvent, à l'heure et au jour indiqués, il y a un délai, parce que des conjectures d'astres plus favorables sont annoncées. Inutile de dire que de telles découvertes coûtent cher aux familles.

La voyageuse dont nous avons parlé, aimable dame d'une quarantaine d'années, courant l'Inde et par curiosité et par distraction, nous rejoignit bientôt, au sortir de la maison du nabab. Elle avait vu la femme et la belle-sœur du riche Hindou, et elle nous rendit compte de ses observations.

L'épouse, âgée de trente-deux ans à peu près, avait cet embonpoint, beauté caractéristique des femmes des castes élevées; la belle-sœur, qui n'avait pas quinze ans, était grande, mince et bien faite. Les deux dames étaient enveloppées de mousseline blanche et bleue brodée d'or et d'argent, et si transparente, qu'aucune partie de leur corps n'échappait aux regards. Leur principale occupation, tout le temps qu'avait duré la visite, avait été de retenir leur voile sur leur tête. Elles étaient littéralement couvertes d'or, de perles et de diamants. De riches colliers s'enlaçaient sur leur chevelure, arrangée avec soin et coquetterie, d'autres leur pendaient au cou; leurs oreilles, percées de douze trous, n'étaient plus qu'une masse informe de pierreries et de brillants; chaque bras était chargé de huit ou neuf bracelets, dont quelques-uns en or pesaient plus de deux cents grammes; leurs chevilles et leurs pieds, peints avec du henné, étaient ornés aussi de chaînes d'or et étincelaient de diamants.

Les Hindoues dépensent des sommes immenses en bijoux et en mousseline brodée d'or du Dekkan. Du reste, la parure est à peu près la seule jouissance des femmes, et le désir de surpasser en toilette et en splendeur les amies qu'elles visitent de temps à être, le but unique de leurs efforts.

Les femmes hindoues sont aussi amateurs de tabac que les hommes. Comme leurs maris, elles le fument dans des pipes appelées houkas.

Mme B..., qui s'était faite notre compagne de voyage pour un jour seulement, car, à notre grand regret, elle s'embarquait dès le lendemain pour Ceylan, Mme B... nous proposa, en sortant de chez le nabab, d'aller au petit village de Kallighat, non loin de Calcutta, où l'on célébrait alors des fêtes religieuses en l'honneur de la déesse à quatre bras, Kali.

Nous nous y rendîmes avec empressement.

Devant chaque porte étaient étalées, pour la vente, une multitude de statuettes d'argile représentant les plus horribles créatures, et, soit au dedans, soit au dehors de la hutte, une Kali de grandeur naturelle, avec ses quatre grands bras et sa langue lui pendant hors de la bouche.

Nous visitâmes le temple, misérable trou orné cependant d'une sorte de coupole et de plusieurs petites tours.

Mme B... ne put entrer. Une femme est trop peu de chose

pour pénétrer dans un sanctuaire. Nous la laissâmes donc à la porte au milieu d'un groupe de curieuses et dévotes Hindoues, et nous allâmes payer notre tribut d'hommages à cette Kali dont la tête était deux fois plus grosse et, par conséquent, la langue tirée deux fois plus longue que celles de toutes les Kali du village. Son visage, face la plus épouvantable que puisse rêver l'imagination humaine, était magnifiquement peint de rouge foncé, de jaune et de bleu clair.

Nous avions passé la journée la plus agréable dans la société de Mme B... et chez le riche nabab, et dans le petit village de Kallighat. Le jour suivant devait être marqué par de bien pénibles émotions.

— Nous ne saurions quitter Calcutta, nous dit mon oncle, sans visiter la rivière sacrée et sans pénétrer les horribles secrets de ses rives solitaires.

Nous nous acheminâmes donc vers la maison de la Mort et le lieu où sont consumés les cadavres.

La maison de la Mort est une misérable hutte élevée à deux pas du fleuve et contenant quatre grabats.

Quand le médecin déclare qu'il n'a plus aucun espoir pour son malade, celui-ci est porté dans cette maison. Si le nombre des mourants excède le nombre des lits, on ne fait aucune difficulté pour les déposer sur le plancher ou sur le seuil de la hutte, aux ardeurs d'un soleil dévorant; peu importe : les patients viennent là pour mourir, et le plus tôt est assurément le mieux.

Il y a, on le comprend, plus d'une maison de la Mort sur les rives du fleuve sacré. Nous avons visité celle qui était le plus rapprochée de la ville.

Il y avait alors cinq malades à l'intérieur de la chambre et deux au dehors. Ces deux derniers étaient couverts de paille et de couvertures. Nous supposâmes qu'ils étaient morts. Sur notre question, on entr'ouvrit les couvertures. Les malheureux, à demi étouffés, respiraient encore; à l'intérieur, le malade déposé sur le plancher, pauvre vieillard sexagénaire, se roulait dans les convulsions de la dernière agonie. Les quatre autres avaient la bouche et le nez bouchés avec de la boue du Gange, grande pratique de dévotion. Leurs parents et leurs amis, assis auprès d'eux, attendaient tranquillement leur dernier soupir.

Je demandai si l'on ne faisait rien aux moribonds pour les soulager. On me répondit qu'on leur donnait de temps à autre de l'eau du Gange dans une petite gourde, mais à de plus en plus longs intervalles et en quantité toujours décroissante. Les malades sont amenés là pour mourir, il faut qu'ils meurent, dût-on les immoler de force.

Les Hindous reconnaissent eux-mêmes qu'ils commettent dans les maisons de la Mort plus d'un meurtre involontaire; mais leur religion ordonne, et ils respectent infiniment leurs dogmes absurdes, leur religion ordonne que celui pour qui le médecin a déclaré n'avoir plus aucun espoir meure.

La maison de la Mort n'est séparée que par un simple mur du lieu où l'on brûle les cadavres.

Quand nous y pénétrâmes, six corps brûlaient sur six hautes piles de bois, tandis que des oiseaux, plus grands que les coqs d'Inde et appelés *philosophes* dans la contrée, des vautours et des corbeaux, planant au-dessus de ce lieu funèbre, attendaient l'horrible festin que la mort leur réservait.

Nous sortîmes terrifiés.

Le brûlement du corps des riches coûte fort cher; car un brahmane, des musiciennes et des pleureuses doivent présider à la cérémonie, et l'on emploie pour le bûcher les bois les plus précieux, tels que les bois de sandal et de rose. C'est le parent le plus rapproché du défunt qui doit mettre le feu. Après la combustion des chairs, les os sont recueillis dans des sortes de vases et jetés dans la rivière.

Pour les gens du peuple, on emploie du bois commun, et les pauvres se contentent d'attacher une pierre au cou des cadavres de leurs parents et de les précipiter dans l'Hougly.

Notre première course hors de Calcutta fut pour Barrackpour, château de plaisance des gouverneurs généraux et le camp anglais le plus important de l'Inde. Quelques milliers de huttes, beaucoup plus propres que celles des faubourgs de Calcutta et régulièrement alignées, abritent les cipayes.

Le château du gouverneur est magnifique, et le parc qui l'environne plus magnifique encore.

« A force de bras et d'argent, le niveau parfait des plaines où coule le Gange a été assez tourmenté à Barrackpour pour animer son beau parc de quelques mouvements de terrain. On y a fait avec goût des montagnes et des vallées, afin d'être obligé d'y bâtir quelques ponts d'un effet agréable; rien de tout cela n'est heurté ni mesquin, et tous les accidents du sol semblent dus à la nature seule. Sur un gazon toujours vert se dressent, tantôt en massifs serrés, tantôt en clairières, et çà et là en tiges isolées, des manguiers, des lauriers d'Inde, des tamarins, des cocotiers, des dattiers et d'admirables gerbes de bambous. Le tour des massifs les plus imposants, ou le pied des plus grands arbres, est garni d'une bordure d'arbrisseaux à fleurs : lauriers-roses, ou jasmins aux larges pétales, qui embaument au loin les parcours des sentiers. Ailleurs ce sont les roses de l'espèce qui s'est répandue si abondamment de ce pays en Europe ; des pêchers dont le fruit est amer, mais succulent et parfumé ; puis des orangers, des citronniers, des grenadiers de la taille de nos futaies, mais qui ne servent là que d'ornement. »

VIII.

Nous sortîmes de Calcutta par un misérable faubourg qui suit, vers l'intérieur, le quartier des Européens, quartier que nous avions presque exclusivement visité. Ce faubourg, habité par les indigènes, et qui s'étend, sur la rive gauche de l'Hougly, sur un espace d'une grande lieue au moins, est bâti en briques, en paille et en roseaux.

Nous traversâmes ensuite des rizières ombragées de palmiers, de cocotiers et de bananiers, puis des djungles immenses.

La première ville que nous rencontrâmes fut Sérampour, ancienne colonie danoise, que le gouvernement de Copenhague a vendue aux Anglais.

Sérampour a un établissement de missionnaires anabaptistes, des papeteries, des imprimeries, des librairies, et quelques pagodes. La principale est consacrée à un dieu fort respecté des Bengalais, et qui sort une fois par an de son sanctuaire, pour faire visite aux dieux ses voisins. Toujours quelque dévot Hindou vient, pendant la procession magnifique que l'on célèbre en cette occasion, chercher une sainte mort sous les roues du char de l'idole.

Après Sérampour, nous vîmes Chandernagor, pauvre possession française, qui mesure moins d'une lieue le long de la rive du fleuve, et qui n'a pas une demi-lieue dans sa plus grande largeur.

Ce petit coin de terre a son gouverneur, son procureur impérial, son lieutenant de police, son contrôleur, etc.

La ville est jolie, propre, et possède une belle église catholique. Non loin de ses murs, nous visitâmes les ruines du vieux palais de Dupleix, ruines qui disent à la fois la grandeur et la désolation.

Nous quittâmes Chandernagor le cœur serré.

De cette pauvre colonie française à Hougly, vieille cité indienne, et d'Hougly à Mourchidabad, capitale du Bengale après Gour et avant Calcutta, nous ne nous occupâmes guère que des punaises ailées qui voyagent par bataillons sur le Gange, et des chameaux sacrés qui errent sur les deux rives de ce fleuve.

Au-dessus de Mourchidabad, où nous aperçûmes les premières collines depuis Madras, nous quittâmes l'Hougly et entrâmes dans le Gange.

Non loin de l'endroit où l'Hougly se sépare du Gange, gisent les ruines de Gour, l'antique capitale des Bengalais.

On sait la révolution étrange qui changea brusquement, il y a vingt-cinq ans environ, la destinée de Gour et la rendit une vaste solitude. Le Gange baignait ses murs et en faisait le centre du commerce de l'Hindoustan. A la suite d'une inondation, dont le souvenir s'est perpétué, le fleuve quitta son lit pour se jeter, à deux ou trois lieues à l'ouest, dans celui qu'il occupe aujourd'hui. On abandonna Gour par degrés, et il n'en reste plus maintenant que des ruines, ruines magnifiques qui révèlent sa splendeur et sa puissance aux peuples étonnés, et qu'habitent en paix, non loin de quelques huttes où naissent, vivent et meurent de misérables êtres, les tigres, les rhinocéros et les plus affreux reptiles.

Dans ces parages, nous vîmes des bois entiers de cocotiers-palmiers. Cet arbre, qui atteint dans l'Inde une hauteur de quatre-vingts pieds et qui porte des fruits dans sa sixième année, tandis que dans d'autres pays il n'a guère plus de cinquante pieds et n'est productif qu'après quinze ans, est peut-être le plus utile du monde. On se nourrit de ses fruits délicieux; on tapisse de ses larges feuilles l'intérieur des huttes, quand on n'en forme point les toits; on tire de ses rameaux des fils dont on tisse des étoffes, et des filaments qui servent à faire des cordages et des nattes. Enfin découlent de son tronc une huile abondante et une matière colorante, tandis qu'au moyen d'incisions pratiquées à son sommet, on obtient une boisson délicieuse; pendant un mois, on renouvelle chaque matin ces incisions, recueillant dans des jattes la liqueur qui s'en échappe. Cette liqueur, d'abord douce, fermente après sept ou huit heures et forme une sorte d'*arack* très-fort, appelée *surr* ou eau-de-vie de palmier. Un bon arbre donne quatre litres à peu près de cette séve dans l'espace de vingt-quatre heures; mais l'année des incisions, il ne rapporte point de fruits.

Deux jours après avoir touché les ruines de Gour, nous étions à Colgoud, petite ville toute moderne, à laquelle sa position semble promettre un brillant avenir commercial, et nous visitions une humble bourgade, Pir-Pointy, sanctifiée par la sépulture d'un prophète musulman, sépulture qui attirait des pèlerins de toutes les parties de l'Inde.

Autrefois de nombreux fakirs vivaient, à l'ombre de ce tombeau, des abondantes charités des dévots Hindous; aujourd'hui que la piété s'est quelque peu ralentie à Pir-Pointy, un seul fakir garde la tombe sainte. Il nous indiqua, dans le voisinage, des cavernes dont personne, assurait-il, n'avait jamais vu la fin.

Aujourd'hui, Pir-Pointy est célèbre par la foire annuelle qui s'y tient à l'époque où les eaux grossies du Gange ouvrent de toutes parts des communications faciles. Toutes les tribus à demi sauvages qui entourent le Bengale du nord-ouest au sud-est, y apportent ce qu'elles ont de plus précieux.

Bhagulpour possède le plus beau jardin botanique de toute l'Inde.

Au sud de cette ville s'étendent les collines du Rajmahal, qui s'étagent de gradins en gradins jusqu'au Parasnath, le plus haut sommet des Vindhia.

Ces montagnes sont peuplées de tribus qui représentent les plus anciennes races de l'Inde et qui portent le nom de Puharris.

Les Puharris sont bien faits de corps, beaux de visage, mais d'une taille au-dessous de la moyenne. Leur bonne foi, leur horreur pour le mensonge et leur fidélité à la parole donnée sont proverbiales. Initiés par Rama, disent-ils, au culte brahmanique, ils reconnaissent un dieu suprême, qu'ils appellent le *dieu d'en haut* et dont ils n'ont aucune image. Ils se contentent de lui consacrer, avec un religieux cérémonial, les blocs de pierre de certaine forme et de certaine couleur qu'ils trouvent dans la profondeur de leurs bois ou au sommet de leurs montagnes.

Il règne dans leurs villages une paix et un bonheur qu'on ne saurait dire : ce sont les vieillards qui gouvernent, et pas de gouvernement plus paternel. Dans les cabanes, même union et même félicité; car les mariages n'y sont point obligatoires et les inclinations contraintes, comme dans les autres parties de l'Inde. Leurs cérémonies nuptiales sont simples et touchantes. Un grand repas réunit sous la même feuillée ou le même toit les parents et les amis des deux jeunes gens. A la fin du repas, le père de la mariée adresse quelques paroles à son gendre, pour exhorter celui-ci à bien traiter la femme qu'il lui confie. Alors le jeune homme s'avance vers la nouvelle épouse, lui imprime une raie rouge sur le front avec du cinabre, la prend par le petit doigt et l'emmène chez lui.

La garnison de Bhagulpour est entièrement recrutée parmi les Puharris. Il est difficile de voir des soldats plus disciplinés.

Moughir, où nous nous arrêtâmes ensuite, située sur la rive droite du Gange, est une grande cité que l'on pourrait nommer, à cause de ses nombreuses fonderies de fer, de ses taillanderies et de ses manufactures d'armes à feu et de fusils, le Saint-Étienne ou le Birmingham du Bengale.

Les maisons blanches à deux étages espacées sous des bosquets de verdure, qui sont construites aux abords de la ville, donnent à Moughir un aspect européen. La ville proprement dite est tout indienne. Les habitants en attribuent la fondation à Vicvakarma, l'architecte des dieux. Ce qui la rend vraiment remarquable, ce sont des sources thermales qui jaillissent, à cinq ou six kilomètres de ses murs, d'une chaîne abrupte de rochers granitiques, et qui sont connues dans tout le pays sous le nom de *bains de Sita*. On raconte que la belle Mithilienne, suivant son époux dans l'exil, fit ses ablutions dans ces eaux; depuis lors, on les a regardées comme saintes. Les mères y viennent plonger leurs tout petits enfants, et les jeunes filles s'y baignent souvent; car leur propriété est de donner la beauté et de prolonger la jeunesse, disent les bons Hindous.

Des pèlerins font aussi par dévotion leurs ablutions à Sita-Kound. Nous en vîmes un grand nombre, et mon oncle ne fut pas peu surpris de s'entendre tout à coup saluer par son nom. Il reconnut dans celui qui l'interpellait un jeune Indorien qu'il avait eu à son service dans un précédent voyage à travers l'Inde.

Notre parent l'interrogea sur les motifs de sa présence aux bains de Sita. Il nous raconta qu'une maladie de son petit frère, enfant de cinq à six ans, avait déterminé ses parents à entreprendre le voyage d'Indore à Djaggernat, pour obtenir des dieux la guérison de cet enfant chéri, et qu'il les avait accompagnés avec sa femme à lui, charmante petite créature de douze à treize ans, et son beau-frère, jeune homme de dix-huit ans.

— Ainsi, dit mon oncle, votre jeune frère était réellement malade, lorsque vous quittâtes Indore?

— Très-malade; un affaiblissement général le minait et ne lui permettait plus de rester debout.

— Mais il me semble maintenant bien rétabli. Comment s'est-il guéri?

— Ah! voici : mon père et ma mère ont fait vœu à Siva, pour en obtenir la santé de l'enfant, de porter à l'incarnation de ce dieu, qui siége à Bijjounath, des bassins remplis de l'eau du Gange, et de visiter le temple de Djaggernat.

— Et ces vœux accomplis, votre frère a cessé d'être malade?

— Il avait complétement recouvré les forces, la fraîcheur, l'appétit et la gaîté de son âge, avant notre départ de Djaggernat.

— Et qui portait les bassins?

— Ma mère, ma femme, mon beau-frère, moi et le petit malade, nous en portions chacun d'eux.

— Mais cet enfant n'a pu certainement porter deux objets si lourds tout le long du chemin?

— Non, nous lui avons fabriqué une paire de petits bassins. Un brahmane, que nous avions pris à notre service en qualité de cuisinier, les porta jusqu'à ce que nous fussions arrivés en vue du temple. Alors mon frère descendit de son cheval, prit lui-même les bassins et les porta au dieu. Nous étions encore aidés par un autre brahmane, auquel nous n'avions presque rien à payer; car il avait reçu pour ce voyage une large rétribution de diverses familles d'Indore, qui, ayant fait des vœux semblables aux nôtres, l'avaient chargé de porter en leur nom une bouteille au dieu de Bijjounath.

— Mais avez-vous laissé toute votre eau au temple de Siva, et n'en avez-vous pas porté à Djaggernat?

— On n'offre jamais d'eau à Djaggernat; car le dieu de ce temple est une incarnation de Vichnou.

— Eh bien! Vichnou ne boit-il donc jamais?

— Oh! sans aucun doute il boit, mais il n'accepte pour offrande que des aliments et de l'argent.

— Et combien de milles avez-vous faits durant ce pèlerinage?

— Comme mon père possédait une assez grande provision d'eau du Gange, achetée d'année en année aux Casi-Djoghis (industriels dont la profession est de vendre dans toute l'Inde de l'eau qu'ils vont puiser au Gange), nous n'avons pas été obligés d'aller la puiser nous-mêmes dans le fleuve; ce qui eût augmenté notre voyage de plus de trois cents milles. Nous nous sommes dirigés directement sur Djaggernat par Nagpour, Sumbulpour et la vallée du Mahanuddy, six cents milles! De Djaggernat en ce lieu, en passant par Bijjounath et Parasnath, il n'y a guère moins de trois cent cinquante milles. Nous en avons maintenant près de six cents autres à faire pour revenir chez nous par Bénarès, où nous reprendrons de l'eau du Gange.

— Et votre mère et votre femme font à pied ce long voyage?

— Il le faut bien; elles marchent tant que leur santé le leur permet. Quand elles se sentent indisposées, elles montent tour à tour sur le cheval de mon jeune frère.

Quelle foi naïve et touchante! Entreprendre un pèlerinage de sept cents lieues, aller et retour, à pied, et portant sur les épaules des bassins remplis d'eau, pour prier un dieu de rendre la santé à un enfant malade! Nos jeunes lecteurs s'étonnent du succès, sans doute, puisque le dieu de Djaggernat n'est qu'une incarnation de Vichnou. Le changement d'air et l'exercice guérirent probablement cet enfant; et, d'ailleurs, n'est-ce point au Tout-Puissant lui-même que s'adressent les vœux et les prières de ces nations enveloppées encore des ténèbres du paganisme et qui sacrifient pieusement aux pieds de fausses idoles à un Dieu suprême, mais inconnu?...

Patna, l'une des plus anciennes cités de l'Inde, en est encore aujourd'hui l'une des plus importantes, à cause de son immense commerce d'opium.

Cette ville aux maisons petites, basses et misérables, dont tous les toits avancent sur la voie publique en forme d'auvents, protégeant de pauvres étalages de provisions communes et de marchandises grossières, ne se compose que d'une seule rue de près de trois lieues de longueur, à laquelle viennent aboutir de nombreuses mais courtes avenues. Les maisons un peu plus convenables se distinguent par leurs tuiles et leurs colonnades en bois.

Il règne dans la rue unique de Patna une grande animation,

à cause de son concours immense de piétons et de cavaliers et le grand nombre de ses *bailis*, sorte de tombereau fort étroit à deux roues et surmonté d'un dais, d'où pendent des rideaux, quand les femmes se servent de ces modestes véhicules, les seuls, du reste, en usage dans le pays.

Une chose nous a singulièrement frappés dans cette rue de Patna, l'uniformité des costumes. Notre aimable cicérone nous apprit que deux habits seulement sont permis dans cette ville : la robe orientale pour le riche, une pièce d'étoffe attachée autour des reins pour le pauvre.

D'après d'intéressants récits et de superbes descriptions que nous avions lus de cette ville célèbre, nous nous attendions à y rencontrer un grand nombre de chameaux et d'éléphants; mais point : ni chameaux ni éléphants; rien que des chevaux et des bailis traînés par des bœufs.

Les temples de Patna ont de loin une assez belle apparence; mais les seuls monuments vraiment remarquables de cette ville sont deux mausolées, sortes de tours de deux cents pieds de circonférence et de quatre-vingts pieds de haut. Ils n'ont qu'une seule ouverture, qui sert d'entrée. Deux escaliers extérieurs conduisent au sommet. Nous ne pûmes visiter ces monuments, que nous supposâmes ne renfermer d'ailleurs qu'un simple sarcophage, et nous ne sûmes point à la mémoire de quels orgueilleux mortels ils avaient été élevés.

Le soir, nous allâmes à cheval à Dinapour, situé à trois lieues environ de Patna.

Dinapour est une forte station militaire.

Quand nous regagnâmes notre bateau à vapeur, il ressemblait à un vaste bazar. Les petits marchands de Patna y étaient accourus et y étalaient le produit de leur industrie. Les objets étaient remarquables d'ailleurs par leur bon marché et leur excellente confection. Nous fûmes alors témoins d'une petite scène qui nous donna une idée de la manière dont se font les échanges entre les Européens et les naturels et nous fit apprécier les justes plaintes auxquelles se laissent parfois aller ceux-ci. Un des matelots marchanda une paire de bottes parfaitement bien faites; le cordonnier en demanda 4 ou 5 fr.; le matelot offrit le quart à peu près de ce prix; grandes récriminations de la part de l'ouvrier; l'Européen tira alors de sa poche quelques béhis de plus, les jeta à l'Hindou et s'enfuit en emportant les bottes. Le marchand le poursuivit et fut reçu à coups de bâton : force lui fut donc de quitter le bateau tout en criant et en pleurant.

Deux jours après, nous passâmes à Buxar, ville aux fortifications toutes modernes élevées par les Anglais, pour maintenir les peuples riverains du Gange en cas d'insurrection; puis à Ghazipour, jolie petite ville aux vastes champs de roses. L'huile et l'essence de roses sont les deux branches principales de son commerce. Nous y apprîmes avec étonnement que, pour obtenir une once de cette essence si estimée, il faut plus de quarante kilogrammes de feuilles de roses. L'once se vend 100 fr. à Ghazipour même.

Dans cette ville s'élève un monument à la mémoire de lord Cornwallis, qui vainquit Tibo-Sahib en 1790.

Le 27 septembre, quatorze jours après avoir quitté Calcutta, nous aperçûmes la ville de Bénarès.

— Mes enfants, nous dit mon oncle, vous avez lu bien des récits de voyageurs enthousiastes qui ne voient partout que scènes magnifiques; maintenant que vous avez pu juger par vous-mêmes, quelles descriptions nous donnerez-vous des rives du fleuve sacré du Gange?

Nous prîmes nos tablettes de voyage, et, comme de concert, nous écrivîmes.

On peut dire que de Calcutta à Bénarès on ne jouit sur le Gange d'aucun point de vue vraiment beau, vraiment pittoresque : ou le fleuve est encaissé dans des terrains qui s'élèvent sur ses bords à dix ou vingt pieds de haut, masquant tout paysage; ou il serpente dans des plaines immenses et sablonneuses et de misérables djungles coupés çà et là seulement par des plantations ombragées de palmiers, de pipeuls et de tamarins.

Le Gange traverse un grand nombre de villes et de villages; mais si l'on en excepte quelques temples, quelques palais et quelques bungalows, les constructions ne sont guère que de misérables huttes. Fréquemment, le fleuve se divise en plusieurs branches. En différents endroits, il est si large, que les deux bords en sont à peine visibles et qu'il ressemble à une petite mer. Ses eaux sont fangeuses et rapides. Mais règne sur ce fleuve une animation qu'on chercherait en vain sur toutes nos rivières d'Europe. Des multitudes de petits poissons s'élancent à tout instant hors des ondes et deviennent la proie des mouettes et des sternes, qui les épient sans cesse; des bandes de tortues et de marsouins se roulent dans la fange, tandis que quelque monstrueux alligator sèche sur la rive son dos verdâtre et rocailleux. Parfois un homme mourant est couché sur les bords, entouré des siens, qui attendent tranquillement l'heure fatale, s'occupent à induire d'eau et de boue le nez et la bouche du moribond, et, vers le soir, abandonnent le malheureux à son triste sort. Ordinairement, quelque crocodile vient abréger son affreuse agonie. Cependant cette coutume d'exposer les mourants sur les rives du fleuve ne paraît point aussi générale que quelques voyageurs l'ont assuré. Pendant notre voyage de Calcutta à Bénarès, nous n'avons vu qu'un moribond et seulement deux cadavres portés par les eaux.

— Cette dernière remarque est fort juste, me dit mon oncle, qui lisait mes lignes à mesure que je les traçais, et elle s'expliquera d'elle-même, quand tu sauras la différence des croyances religieuses de nos Hindous, croyances qui influent puissamment sur la manière dont ils traitent les cadavres. Achève.

Je repris ma plume.

Souvent, dans les lieux les plus solitaires, une jeune fille, enveloppée des flots d'une mousseline transparente, vient déposer sur les ondes une feuille de bananier remplie de fleurs et suit des yeux sa simple offrande avec anxiété et espérance : si les fleurs chavirent, c'en est fait, plus de bonheur : rien qu'un sombre avenir ; si elle surnage, la belle enfant s'éloigne après quelques instants, le sourire sur les lèvres et la joie dans le cœur.

C'est surtout au lever et au coucher du soleil que la scène du Gange est curieuse et animée : des multitudes d'hommes, de femmes, d'enfants, d'animaux domestiques, se plongent dans les eaux saintes et en sortent, les derniers désaltérés et rafraîchis, les autres, ils se l'imaginent, purifiés et sanctifiés. Pendant les heures du soir, c'est quelque chose de lugubre, d'affreux : aux lueurs incertaines du crépuscule, on distingue encore l'argala, ce géant de l'ordre des échassiers, s'attaquant à quelques cadavres, des milliers de palmipèdes s'ébattant sur la grève, les pélicans ébranlant les roseaux et clapotant dans les eaux plus fangeuses des marécages, l'oie brahmanique volant dans les ombres, condamnée qu'elle est à la solitude pour avoir troublé le sommeil d'un dieu !...

IX.

Bénarès est la ville la plus sacrée de l'Inde. Elle est pour les fils de Bouddha ce que Jérusalem est pour les chrétiens, ce que la Mecque est pour les mahométans. Passez vingt-quatre heures seulement dans les murs de Bénarès, et, de quelque religion que vous soyez, vous serez sauvé, au dire des pieux brahmanes. Inutile de dire qu'une telle croyance attire les fidèles de toutes les parties de l'Inde, et que chaque année on compte dans la ville sainte plus de trois ou quatre cent mille pèlerins.

Mille pensées se pressèrent dans mon esprit, mille sensations m'agitèrent, quand je mis le pied dans cette ville célèbre, sensations qui ne furent point, à coup sûr, ces délicieuses émotions que j'aurais ressenties à la vue de notre sainte Jérusalem, mais dont je ne pourrais rendre compte encore aujourd'hui : c'était quelque chose comme du dégoût, de la répugnance, de l'étonnement, de l'ébahissement.

Il me semble reconnaître mes propres sentiments, mes propres aventures, dans ce récit d'un autre voyageur :

« Au premier abord, Bénarès apparaît à l'étranger aussi antique, aussi bizarre et aussi sombre qu'il peut l'avoir peinte dans son imagination. C'est un amas compacte de douze mille maisons à trois étages et en briques, de seize mille huttes de boue et de clayonnage, de petits temples coniques, le tout peuplé de brahmanes, de fakirs, de taureaux sacrés, etc. Les éléphants s'y baignent dans des étangs, des multitudes de pèlerius dans le Gange; les perroquets y volent, y piaillent comme dans un bois, et d'innombrables singes y courent sur les toits. Au moment même où je pénétrais dans la ville, j'aperçus auprès d'un bassin carré, bordé d'escaliers en granit et ombragé de magnifiques figuiers de Banians, un petit temple surchargé de sculptures et peint en rouge foncé. De ce temple, dédié à Hanoumat, je vis sortir un brahmane boiteux et un petit garçon, qui tous deux se mirent à hurler comme des chacals. A cet appel répondit une masse de cris identiques, et les terrasses du temple, les jours de son minaret, les voûtes des arbres, les arcades des galeries qui bordent le bassin sacré, semblèrent vomir des milliers de singes de toutes les tailles et de toutes les couleurs. Ils accoururent, se poussant, se culbutant, et beaucoup portant leur progéniture dans leurs bras ou sur leur dos. En un clin d'œil, ils bloquèrent hermétiquement, et comme par magie, la rue où j'étais; le brahmane leur jeta je ne sais quelle sorte de graine que je payai, et cette largesse suscita un combat si violent entre ces horribles bêtes, que je crus devoir m'éloigner.

« En échappant à ce guet-apens de quadrumanes, je manque d'être écrasé par un éléphant qui me barre le chemin. Sur les pas de mon tchouprassi, qui s'enfonce dans d'étroites ruelles, je vois des choses qui semblent plutôt appartenir aux visions d'un cerveau fiévreux qu'à la réalité : de petits temples sculptés comme des jeux d'échecs, où se meuvent des brahmanes en jupons blancs et des fakirs uniquement vêtus d'un sale badigeon; de petits taureaux blancs, bossus, aux cornes dorées, portant guirlandes et couronnes de fleurs comme des rosières d'opéra; des femmes demi-nues chargées d'anneaux aux bras, aux pieds, aux narines, et aspergeant d'eau et de beurre fondu de petites idoles dégoûtantes, ou des fétiches plus ou moins inconvenants; des cavaliers, l'arc et les flèches sur le dos, passant sur des chevaux teints de henné ou d'indigo dans les sombres couloirs que laissent entre eux les hauts murs d'édifices qui, à tous les degrés de ruine et de vétusté, affectent tous les angles d'inclinaison, et ne s'écartent soigneusement que de la perpendiculaire.

« Tout cela, mêlé, resserré, présente une masse indigeste, comme celle du chaos, suivant Ovide, au milieu de laquelle s'élève de loin en loin, comme une montagne mouvante, un dos d'éléphant bizarrement caparaçonné, qui perce lentement et avec fracas cette multitude d'êtres et de choses, emportant parfois dans sa marche le balcon d'une maison ou l'auvent en feuilles de cocotier d'une boutique. »

Nous descendîmes chez un ancien correspondant de mon oncle, prévenu à l'avance de notre visite.

Le soir, retirés de bonne heure dans notre appartement particulier, nous témoignâmes à notre digne mentor notre étonnement pour tout ce qui nous entourait.

— En visitant Calcutta, vous n'avez rien vu de l'Inde, nous répondit en souriant le bon vieillard. Calcutta est maintenant une ville tout européenne : ses palais, ses maisons, ses promenades, ses équipages, ses sociétés, ses bals, ses concerts sont ceux de Paris ou de Londres; et l'on pourrait se croire dans l'une de ces deux villes, si l'on ne trouvait quelques Hindous errant çà et là dans les rues, et des serviteurs indigènes dans tous les ménages. A Bénarès, c'est bien différent; les Européens y sont parfaitement isolés, puisqu'on en compte à peine cent cinquante dans une population de trois cent mille âmes. Aussi tout est indien ici, constructions, costumes, usages, coutumes, manières. Mais, mes bons amis, nul lieu ne me semble plus propre que cette ville, dite sainte, pour vous donner une idée de la religion de ce peuple aux croyances si naïves, qu'elles n'ont point d'objet, et au zèle si ardent, que vichnouvites et sivaïtes mourraient certainement plutôt que de renoncer à leurs idoles.

Les Hindous croient en un Être suprême, à l'immortalité de l'âme, à la récompense des bons et à la punition des méchants.

Adorer ce grand Être, invoquer les dieux gardiens des âmes, être charitable pour tous les hommes, supporter sans murmure les peines de la vie, ne pas mentir, garder scrupuleusement sa parole, observer les Écritures sacrées, parler peu, jeûner, prier, et se baigner à certaines époques déterminées, tels sont les devoirs généraux imposés aux Hindous de toutes les castes et de toutes les sectes.

Leur seul Dieu, ce grand Être, l'éternelle, la véritable, l'immuable lumière de tous les temps et de tous les lieux, est Brahma, qui ne doit pas être confondu avec un autre Brahma, créé par le premier et divinité secondaire.

De l'Être suprême procèdent la déesse Bhavani ou la Nature et une légion de onze cent quatre-vingts millions d'esprits, entre lesquels trois demi-dieux : Brahma, Vichnou et Siva. La Trinité hindoue est nommée Trimourti.

Donnons l'explication de cette Trinité.

Lors de leur apparition dans la vie politique de l'Inde, les brahmanes, prêtres antiques de Brahma, avaient à ménager et les tribus anciennes de la race solaire et les tribus de la race lunaire; ils adoptèrent donc le dieu des premières, Vichnou, et celui des secondes, Siva, et élevèrent ces deux divinités au rang de leur Brahma.

Pendant longtemps il y eut parfait bonheur et pour l'Être suprême, et pour la Trinité, et pour les légions d'esprits; puis, éclata une révolte contre le grand Être; les rebelles furent chassés du ciel et précipités dans les ténébreux abîmes. Suivant la loi de la transmigration des âmes, les esprits des anges tombés passèrent dans les plantes et les animaux : de là, le respect des Hindous pour certaines plantes et certains animaux, plantes et animaux sur lesquels, pour rien au monde, ils ne porteraient une main sacrilége, et leur adoration pour tous les êtres organisés de la nature en général.

Pour juger de l'état actuel de la religion des Hindous, il suffit de donner ici la peinture de leurs principales divinités :

Brahma, comme le créateur du monde, est représenté avec quatre bras et quatre mains. Dans l'une de ses mains, il tient les Écritures sacrées; dans les autres, différentes idoles. Il n'est adoré dans aucun temple, ayant perdu droit à cette prérogative par son ambition et sa révolte contre l'Être suprême. Cependant, comme il s'est repenti de sa folie, les prêtres ont obtenu de célébrer quelques fêtes en son honneur.

Vichnou, comme conservateur du monde, est représenté sous vingt et une formes différentes : ce sont ses *incarnations;* ainsi, moitié homme et moitié poisson, moitié lion et moitié homme, comme une tortue, comme un nain, etc., etc. Vichnou n'est autre que l'antique Bouddha, l'un des dieux primitifs de l'Inde.

La femme de Vichnou est la déesse de la fertilité, de la beauté et de l'abondance. La vache lui est consacrée.

Siva est le destructeur, le vengeur, le vainqueur de la mort. Il a aussi un double caractère : il est bienfaisant ou terrible il récompense ou il punit. Il est généralement représenté avec un visage hideux, trois yeux, dont un beaucoup plus grand que les autres et au milieu du front, et huit mains, dans chacune desquelles il tient quelque chose.

Quoique ces trois divinités soient égales, la religion des Hindous est divisée en deux sectes seulement, les adorateurs de

Vichnou et ceux de Siva. Brahma n'a pas de secte particulière depuis qu'il n'a ni temple ni pagode. Cependant la caste entière des brahmanes peut être considérée comme dévouée à son culte. Ils affirment sortir de sa tête.

Les adorateurs de Vichnou et ceux de Siva sont distingués extérieurement par certains signes peints sur le front en rouge et en jaune.

Les Hindous reconnaissent encore trois cent trente-trois millions de divinités subordonnées. Elles président aux éléments, aux phénomènes de la nature, aux événements de la vie, aux passions, aux maladies, etc. Elles sont représentées sous différentes formes et ont toutes sortes d'attributs.

Il y a aussi des génies, de bons et de mauvais esprits. Le nombre des bons surpasse de trois millions celui des mauvais.

D'autres objets sont considérés comme sacrés par les Hindous : ainsi les rivières, et spécialement le Gange, formé, disent-ils, des larmes de Siva. L'eau du Gange est recherchée avec tant d'empressement dans toutes les parties de l'Inde, qu'elle est l'objet d'un commerce important.

Parmi les animaux, sont regardés comme sacrés : les vaches, les bœufs, les éléphants, les chameaux, les singes, les aigles, les cygnes, les paons, les serpents, etc.

Parmi les plantes, les lotos, les bananiers, les manguiers, etc.

Les brahmanes ont encore une pierre en grande vénération. Elle est, disent-ils, le trône de leur divinité suprême.

Quant à cet Être primitif, source et principe de tous les dieux et de tous les êtres, il est à remarquer qu'il n'a aucune image ni aucun attribut. Les Hindous croient que cette représentation sous quelque figure ou sous quelque emblème serait indigne de sa grandeur et de sa majesté. Ils considèrent que l'univers entier est son temple, et qu'il remplit l'univers entier.

Les adorateurs de Siva enterrent leurs morts ; les autres les brûlent ou les jettent dans le Gange.

Bénarès a un magnifique aspect du côté de la rivière. De beaux escaliers construits de pierres colossales montent du Gange aux superbes portiques des palais et des jolies maisons de la rive, s'étendant sur une longueur de près d'une lieue. Ces palais et ces maisons aux toits en terrasses sont construits dans le style mauresque, gothique ou hindou. Quelques-uns ont six étages, et chacun des six étages est décoré de colonnades, de vérandas et de balcons ; mais les fenêtres sont petites, basses et très-irrégulièrement percées.

Les innombrables temples qui s'élèvent de toutes parts témoignent de la piété des habitants. Chaque Hindou, dans une certaine position de fortune, a même un temple dans sa maison, c'est-à-dire une petite tour d'une vingtaine de pieds de haut.

Nous avons déjà dit peut-être que les temples hindous consistent en une tour de trente à soixante pieds, sans fenêtre et avec une seule ouverture servant de porte. Ces tours sont magnifiquement sculptées à l'extérieur et ornées de colonnes, de pyramides, de niches, etc.

Un grand nombre des splendides constructions de Bénarès sont en ruines. Les eaux du Gange minent les fondations, et temples et palais s'inclinent vers la terre ou tombent entièrement. De pauvres gens élèvent des huttes à l'ombre de ces ruines qui seraient encore si belles ; ce qui donne à la ville un aspect tout à fait misérable.

Peu de spectacles au monde sont comparables à celui qu'offre le Gange à Bénarès au lever du soleil, alors que la foule des dévots Hindous se plongent dans le fleuve, la face tournée vers l'astre du jour, jetant par trois fois de l'eau sur leurs têtes et marmottant pieusement des prières. Les degrés de pierre sont couverts de brahmanes, qui reçoivent les charités et les offrandes des fidèles et leur donnent en retour l'absolution de leurs péchés. Ce n'est point exagérer que de dire que plus de cinquante mille personnes sont alors ou dans le fleuve ou sur ses rives saintes. Dans le temps des fêtes religieuses de Mala, qui attirent un concours immense de pèlerins, les flots sont noirs de têtes d'hommes.

L'Hindou doit se baigner au moins une fois par jour. Le matin est le moment le plus convenable et le plus généralement choisi. On se baigne de nouveau le soir, quand on y est porté par sa dévotion ou que les occupations le permettent. Les femmes des premières castes accomplissent ce devoir sacré au fond de leurs maisons, loin de tout regard profane.

La ville est loin d'être aussi belle à l'intérieur que dans la partie qui avoisine le Gange. Les maisons, dont la façade offre uniformément une figure ou une statuette du bon Siva, sont laides et mal construites ; les palais, en petit nombre, sont couverts, pour la plupart, de misérables arabesques ; les rues sont sales et si étroites, qu'un palanquin y peut à peine passer.

Parmi les temples de Bénarès, le plus beau et le plus renommé est le Bishichar-Kumardil, le saint des saints. C'est une construction de granit, basse, étroite, peinte en rouge, encombrée d'images de taureaux sacrés, mais ornée de deux belles tours réunies par une colonnade et couvertes de plaques de métal doré. A l'intérieur, ce temple n'a rien de remarquable, si ce n'est une belle cloche, dont les continuels carillons, joints aux clameurs des prêtres et des pèlerins, sont assourdissants.

Quand nous visitâmes ce temple, des femmes ornaient de fleurs les images du dieu et répandaient devant lui de l'eau du Gange et des bassins de riz ou autres graines. Quelques-unes faisaient des offrandes en argent, les cachant sous des fleurs. Des chameaux en pierre encombraient le porche, et des chameaux vivants, plus sacrés encore que les premiers et couverts de fleurs, erraient à l'aventure et dans le temple, où ils ne font point de cérémonie pour goûter au riz et aux fleurs des sacrifices, ce à quoi il y aurait sacrilége de s'opposer; et aux abords du saint des saints, où ils reçoivent les adorations et les hommages de la multitude, sans qu'on leur permette toutefois de toucher au blé exposé pour la vente, comme ils le faisaient autrefois sans que nos naïfs Hindous osassent défendre leurs denrées.

Près du temple Bishichar-Kumardil, sont des lieux sanctifiés, où les bons pèlerins ne manquent pas de faire station, prière, ablution et offrande : c'est un puits d'abord, et, tout à côté, un superbe bassin de soixante pieds de long sur autant de large, et orné, sur ses quatre côtés, d'un magnifique escalier de pierre.

A cinquante pas plus loin, s'élève un temple à trois colonnes. Ruinées par les eaux, ces colonnes ont perdu leur position verticale et s'inclinent, l'une à droite, l'autre à gauche, la troisième au-dessus du Gange, en attendant une entière destruction.

Parmi les autres monuments remarquables de Bénarès, on peut citer la mosquée d'Aureng-Zeyb, fameuse par ses deux tours de cent cinquante pieds de haut, les plus légères, les plus minces et les plus gracieuses peut-être qui soient au monde. Du haut de ces tours, où l'on parvient par un petit escalier intérieur, on jouit d'une vue magnifique. Il ne faudrait point y être pris de vertige; car la plate-forme, extrêmement étroite, n'est protégée que par une balustrade d'un pied de haut.

L'observatoire élevé par Dscheising aux jours de l'empereur Akbar, il y a plus de deux siècles, et qui est un beau monument sous le rapport de l'architecture, nous a particulièrement intéressés. Nous n'y avons pas vu un seul télescope ordinaire. Tous les instruments sont construits avec de massifs blocs de pierre et sont déposés sur des tables circulaires ou demi-circulaires couvertes de lignes et de signes, à l'aide desquels les brahmanes font leurs observations et leurs calculs.

Les singes sacrés ne sont pas une des moindres curiosités de Bénarès : ils habitent, pour la plupart, sur les branches d'un énorme manguier, dans un faubourg assez retiré de la ville. Quand nous nous approchâmes d'eux, ils firent comme des signes d'intelligence, comprenant bien que notre visite était pour eux. Nous leur avions apporté quelques friandises; ils accoururent aussitôt en plus grand nombre, sautant de l'arbre, du toit des maisons, sortant des rues adjacentes : nous en eûmes bientôt plusieurs centaines autour de nous. Ils se battirent à outrance pour la nourriture que nous leur offrions. Le plus grand et le plus âgé semblait diriger le combat : c'était lui qui séparait les plus acharnés, jouant activement des dents et faisant entendre une sorte de murmure auquel résistaient rarement les plus entêtés. Ces singes ont généralement plus de deux pieds de haut. Leur peau est d'un jaune sale.

Notre première visite hors de la ville fut pour le fort Chunar, qui s'élève à cinq ou six lieues de Bénarès, sur la rive du Gange.

Chunar, ancienne citadelle des rajahs de la contrée, n'est plus qu'une prison d'État, où des princes toujours vaincus et toujours indomptables expient leur longue résistance contre les conquérants et voient s'éteindre avec eux leur désir de vengeance. Cette citadelle est construite sur le haut d'un rocher et entourée de plusieurs enceintes, dont la dernière est baignée par le fleuve sacré. Derrière le fort est bâtie la ville, à demi hindoue, à demi européenne, de Chunar, et, vers le sud, s'étend une vaste contrée rocheuse et boisée, l'asile des bêtes fauves. Il y a heureusement peu de tigres; les ours y sont plus incommodes par leur nombre que par leur férocité; mais les loups sortent chaque nuit de leurs tanières et viennent jusqu'aux portes de Bénarès. Il arrive souvent qu'ils enlèvent vers le soir des moutons ou de pauvres petits enfants.

A Chunar, est le lieu le plus vénéré de l'Inde entière. C'est une petite cour ombragée d'un pipeul antique, qui tient suspendue à l'une de ses branches une petite sonnette d'argent, et au pied duquel gît un énorme bloc de marbre noir : c'est la fameuse pierre objet de la plus grande vénération des brahmanes, et qu'ils considèrent comme le seul trône sur la terre de la divinité suprême. Sur le mur, en face de la pierre, est grossièrement sculptée une fleur de lotos encadrée dans un triangle.

Le commandant du fort, qui avait bien voulu nous conduire lui-même dans ce lieu sacré, dont lui seul, du reste, a la clef, nous dit que le dieu ne résidait à Chunar que neuf heures par jour, temps pendant lequel la forteresse est imprenable. Les trois autres heures sont données par la généreuse divinité à sa sainte ville de Bénarès.

Le lendemain de ce jour, notre bon cicérone dirigea nos pas vers Sarnath, à environ deux lieues de Bénarès, et remarquable par les ruines intéressantes de trois tours, construites à un mille environ de distance l'une de l'autre, sur des collines artificielles, et couvertes encore çà et là de curieuses arabesques. Près de ces tours, est un lac creusé de mains d'hommes et alimenté par les eaux du Gange. On a cherché en vain l'origine de ces étranges constructions. Le gouvernement anglais a même ordonné des fouilles, qui n'ont rien fait découvrir; mais une tradition locale raconte que les trois tours et le lac ont été faits en un jour par trois frères, trois géants, à une époque bien reculée. Il faut dire que dans ces temps un jour était long comme deux de nos années actuelles. Les géants étaient d'une taille telle, que d'un pas ils enjambaient le mille qui sépare les tours.

Une plantation d'indigos existe dans le voisinage et nous a plus intéressés encore que les trois tours et leur légende. L'indigo est une plante herbacée qui s'élève de un à trois pieds, et dont les feuilles délicates sont d'un bleu verdâtre. On les coupe au mois d'août tout près de la racine, et on rassemble les tiges armées de leurs feuilles en bottes, que l'on jette dans une cuve pleine d'eau couverte de planches. Après seize heures ordinairement, mais aussi quelquefois après plusieurs jours, la fermentation commence. L'eau prend alors une teinte verte-noirâtre. On met cette eau dans d'autres cuves, on y jette de la chaux, et l'on agite le mélange avec des pelles de bois, jusqu'à ce que la chaux ait entièrement disparu. Après cette opération, il se forme au fond de la cuve un dépôt d'une substance d'un beau bleu, substance que l'on renferme précieusement dans des sacs, à travers le tissu desquels filtre l'eau dont on n'a pu la dégager tout à fait. Cette substance séchée n'est autre que l'indigo.

Peu de temps avant notre départ de Bénarès, nous fûmes présentés au rajah, malheureux prince détrôné par la Compagnie, et à qui elle fait, en retour de sa soumission, une rente annuelle de 250,000 fr., rente qui est loin de suffire à l'entretien de quarante femmes, de mille serviteurs, de cent chevaux, de cinquante chameaux et de vingt éléphants dont se compose la maison du rajah. Il s'ensuit des dettes qui ne seront jamais payées.

Le rajah réside dans un palais, non loin de Bénarès, sur les rives du fleuve sacré. Une porte majestueuse donne entrée à ce palais, que du dehors l'on pourrait croire magnifique, mais qui ne se compose que de bâtiments sans goût et sans élégance, séparés par des cours irrégulières.

Nous fûmes introduits dans une salle du rez-de-chaussée ornée de colonnes et meublée à l'européenne. Le rajah parut bientôt, accompagné de son frère, jeune homme de dix-huit à vingt ans, et suivi de nombreux courtisans ou serviteurs. Les deux princes étaient richement vêtus : ils portaient de larges pantalons et des habits courts en satin brodés d'or et de diamants. Leurs souliers étaient également brodés. Leurs doigts étaient couverts de bagues ornées d'énormes brillants. Le plus jeune avait un turban blanc enrichi de perles et de diamants. Des perles lui pendaient aussi aux oreilles et de riches bracelets serraient ses poignets. Le rajah, bel homme et d'une agréable physionomie, se faisait remarquer surtout par son amabilité. Il n'a point de fils et a adopté son jeune frère, selon les rites du culte hindou, afin que ce fils adoptif lui rende, à sa mort, les honneurs funèbres.

Dès que nous fûmes assis, on apporta un grand bassin d'argent rempli de pipes, que le rajah nous offrit gracieusement, tout en nous exprimant le regret de ne pouvoir converser avec nous qu'à l'aide d'un interprète.

Il nous demanda si nous avions vu un *natch* ou fête dansante. Sur notre réponse négative, il donna des ordres.

Une demi-heure après, parurent trois musiciens et deux danseuses. Celles-ci portaient de larges pantalons et des jupes brodées d'or. L'un des musiciens battait d'un petit tambour, tandis que les deux autres tiraient quelques sons durs et discordants d'instruments à quatre cordes, de la forme de nos violons. Les danseuses firent, aux sons de cette musique qui agaçait les nerfs, des gestes singuliers avec leurs bras, leurs mains et leurs doigts, frappant par intervalles le sol de leurs petits pieds ornés de grelots d'argent. Après un quart d'heure, elles commencèrent leurs danses en chantant. Elles criaient si misérablement, qu'elles nous écorchaient les oreilles.

Je passe sous silence les fruits et les délicieux sorbets qui, pendant ce temps, nous furent offerts et qui apportèrent, au moins, une diversion agréable au martyre que nous endurions d'autre part.

Après la danse et les chants, le rajah nous proposa de visiter ses jardins. Des éléphants magnifiquement caparaçonnés et un cortége militaire nous attendaient à la porte du palais, car les jardins dépendant de la propriété royale sont à une demi-lieue de là. Nous fûmes enchantés de notre promenade tout indienne, mais peu émerveillés des jardins, qui sont fort ordinaires.

Nous eûmes plusieurs fois l'occasion de voir à Bénarès des fakirs martyrs. Les fakirs sont une secte de prêtres hindous. Ces martyrs s'imposent volontairement des tortures cruelles. Pour la plupart, ils s'enfoncent de larges crochets de fer dans la peau et se font suspendre à une hauteur de vingt à vingt-cinq pieds; d'autres restent des heures entières sur un pied, les bras étendus ou tournant sur eux-mêmes en portant des poids énormes; d'autres encore s'arrachent la chair par morceaux. J'en vis un, un jour, immobile comme une statue de pierre, brandissant une hache dans l'attitude d'un homme qui coupe du bois; un autre gisant dans un coin et dont le corps formait une sorte de cercle; car le bout de ses pieds semblait attaché à son nez. Le peuple vénère grandement ces martyrs.

Une autre secte de fakirs s'impose une nourriture sale et dégoûtante : la chair des bœufs morts de maladie, des légumes à demi pourris, les rebuts de toutes sortes ramassés dans les immondices, et même de la terre et de la boue. Ils disent pieusement que l'on mange pour vivre, et que peu importe que l'estomac soit rempli de telle ou telle chose.

Les fakirs restent presque nus. Un grand nombre se couvrent le corps et même le visage de fiente de vache, sur laquelle ils répandent de la cendre : c'est leur seul vêtement. Ils portent sur le front et la poitrine les attributs de Vichnou et de Siva et teignent leur chevelure en brun-rougeâtre. On ne peut rien imaginer de plus dégoûtant que ces prêtres. Ils errent dans les rues en prêchant et faisant à peu près tout ce qu'ils veulent.

Notre hôte nous donna quelques détails sur le sort des paysans des environs de Bénarès. Ce pauvre peuple est bien misérable. Dans cette partie de l'Inde, il n'y a point de propriétaires; mais la terre est louée par le prince indigène, le gouvernement anglais ou la Compagnie générale des Indes, à quelques tenanciers qui la sous-louent aux paysans, moyennant un prix exorbitant. Souvent les tenanciers exigent le prix du fermage avant les récoltes, forcent les malheureux à vendre ces récoltes en vert, et les achètent à moitié de leur valeur sous un nom supposé. Le fermier est alors hors d'état de nourrir sa famille. Sans doute, il y a de bonnes lois et un juge à Bénarès; mais le district est grand, et l'opprimé ne peut souvent faire soixante lieues ou plus pour porter sa plainte. D'ailleurs, il ne pénètre pas jusqu'au magistrat, seul Européen du tribunal; il a affaire à des compatriotes qui prennent le parti du plus fort contre le plus faible et ne se laissent attendrir par celui-ci qu'à force de présents. Le paysan, qui sait toutes ces difficultés pour obtenir justice, souffre en silence et se soumet avec résignation à un sort plus misérable encore que celui des esclaves.

Il y a quelques familles chrétiennes à Bénarès. Cependant l'Évangile, sans cesse annoncé dans cette ville, y fait peu de prosélytes. En 1831, le choléra ravagea les Indes. De pieux missionnaires recueillirent les orphelins de Bénarès, les élevèrent, les instruisirent. Ce sont ces pauvres enfants, établis plus tard et mariés entre eux, qui sont ces seuls chrétiens en si petit nombre, qu'environnent de toutes parts les fervents adorateurs de Brahma, de Vichnou et de Siva.

Pendant notre séjour dans la ville sainte, nous fûmes témoins de plusieurs processions religieuses. Nous vîmes tour à tour Krichna, peint en bleu de la tête aux pieds; Rama, armé d'un bouclier et d'un grand sabre et assisté d'une foule de gens déguisés en singes; Kali, la déesse de l'amour et de la mort, femme hideuse coloriée en indigo presque noir, foulant aux pieds un cadavre dont elle brandissait la tête, qu'elle avait coupée avec un grand sabre.

Après une semaine, nous quittâmes Bénarès, la cité sainte originairement bâtie en or, mais métamorphosée, à cause des péchés de ses habitants, d'abord en pierres, puis en briques et en roseaux.

X.

Le 5 octobre, nous nous embarquâmes à six heures du soir sur un bateau-poste qui remonte le Gange; le lendemain matin de bonne heure, nous étions à Allahabad.

Nous débarquâmes près d'un long pont de bateau qui traverse le fleuve devant la ville, et nous descendîmes dans un hôtel où nous eûmes grand'peine à avoir une seule chambre, cet établissement étant encombré d'officiers dont le régiment changeait de garnison.

Allahabad a vingt-cinq mille habitants. Elle s'élève au confluent du Gange et de la Djemna. Ce n'est certes point une des plus belles villes de l'Inde, mais elle est sacrée et par conséquent visitée annuellement par un grand nombre de pèlerins.

Les Européens résident hors des murs, dans de jolies maisons environnées de jardins.

Les seuls monuments remarquables d'Allahabad sont le palais et le fort.

Le palais, qui sert maintenant d'arsenal aux Anglais et qui contient des armes pour plus de quarante mille hommes, est d'une construction ordinaire; mais les voyageurs y visitent ses anciens salons, dont la division est assez curieuse. Quelques-uns, coupés par un grand nombre de superbes colonnes, offrent plusieurs rangs d'arcades majestueuses; à d'autres, sont annexées de coquettes petites chambres assez semblables à nos loges d'Opéra.

Dans l'une des cours, s'élève une colonne de métal de trente-six pieds de haut, couverte d'inscriptions, surmontée par un lion et appelée *Feroze-Schachs-Laht*.

La forteresse, autre dépôt d'armes de l'Inde britannique, a, comme le palais, été bâtie par le sultan Akbar. A sa fondation se rapporte une tradition héroïque. Les murs tombaient, dit-on, à mesure que les ouvriers les élevaient. Akbar, effrayé, consulta un oracle. L'oracle répondit qu'il ne resterait point pierre sur pierre jusqu'à ce qu'un homme eût volontairement offert sa vie en sacrifice. Un pieux Hindou, nommé Brog, se présenta aussitôt, heureux de mourir pour la gloire de son pays, mais demandant en grâce que la forteresse et la ville portassent son nom. Aujourd'hui encore, après plus de deux siècles, les indigènes reconnaissants désignent Allahabad sous le nom héroïque de Brog.

En mémoire de cet homme, on creusa un temple souterrain dans le lieu même où il fut inhumé, et non loin de la forteresse. Ce temple, que nous avons vu et qui ressemble à une cave immense, est orné de belles colonnes. Les murailles sont remplies de niches et tapissées d'idoles. Au centre de ce lieu saint a poussé naturellement un arbre sans feuille, qui a percé le toit de pierre et s'élève au-dessus du sanctuaire à une grande hauteur.

Dans l'intérieur du fort, il existe un autre temple à demi ruiné, mais que les Hindous regardent comme très-sacré. A leur grand regret, ils ne le peuvent visiter, la forteresse ne leur étant jamais ouverte. On nous raconta que, peu de temps avant notre arrivée, un riche indigène avait fait offrir 50,000 fr. au commandant anglais, pour qu'il lui permît d'aller seulement une fois faire ses dévotions dans ce lieu saint. Le commandant dut le lui refuser.

Nous avons aussi visité deux grands jardins où s'élèvent quatre beaux mausolées mahométans de marbre blanc et ornés d'arabesques, de frises, de bas-reliefs, etc. Le plus grand des sarcophages contient les restes du sultan Kosru. Une petite partie des murs d'enceinte, peints sur toute leur étendue de misérables fresques représentant des arbres et des fleurs, est couverte d'une sorte de rideau que l'Hindou qui nous conduisait tira avec un pieux respect. Nous vîmes alors l'empreinte d'une énorme main ouverte. Notre guide nous dit qu'un *grand grand-oncle* de Mahomet, étant venu prier dans ce lieu, s'était appuyé d'une main sur le mur et y avait laissé cette puissante empreinte.

Le jardin nous plut davantage que les mausolées et la relique. Nous y admirâmes des tamarins tels que l'on n'en voit que dans l'Inde de cette grandeur et de cette beauté. Tous les voyageurs ont célébré les tamarins d'Allahabad.

Le lendemain, nous quittâmes Allahabad et nous continuâmes notre route vers Luknow, impatients d'arriver dans cette ville et de gagner ensuite Aoude avant la célébration du Ram-Lila, qui a lieu vers la mi-octobre.

Notre voyage fut peu intéressant.

Entre Allahabad et Luknow, et non loin de la ville sainte, nous rencontrâmes un régiment en marche ; on eût dit l'émigration de tout un village : presque tous les soldats sont mariés; un grand nombre de femmes et d'enfants suivent donc le régiment, poussant devant eux leurs vaches et leurs chèvres, et voyageant par deux, par trois, par quatre, sur des chevaux, sur des bœufs, des charrettes, ou allant à pied, leurs paquets sur le dos. Les officiers viennent ensuite avec leur famille dans des palanquins, des voitures à l'européenne, ou à cheval. Les chameaux et les éléphants portent les bagages. Quand on fait halte, on dresse les tentes sur les deux bords de la route : d'un côté les hommes, et de l'autre les animaux.

Après avoir vu un régiment en marche dans les plaines de l'Inde, on peut se faire facilement une idée des grandes armées des Perses ou des autres nations asiatiques.

Nous aperçûmes de temps à autre sur la route de jolis bungalows.

Les bungalows sont des maisons petites et commodes, mais meublées avec la dernière simplicité, bâties et entretenues par la Compagnie sur les routes de poste, pour recevoir les voyageurs. Ce sont comme de petits hôtels, où, moyennant 2 ou 3 fr., on est hébergé pour un jour et une nuit, et où l'on prend sa place à une table simple et frugale. On ne peut prolonger son séjour au delà de vingt-quatre heures, à moins qu'il ne se présente point d'autres voyageurs. Un indigène est attaché à chaque bungalow pour le service. Tous les voyageurs sont tenus de signer sur un registre : c'est le seul moyen de contrôle qu'ait la Compagnie.

A l'époque de notre voyage, Luknow avait encore ses rois, et les Anglais n'avaient point osé toucher à leur territoire. Aujourd'hui cette ville, comme toutes les grandes cités de l'Inde, fait partie du domaine de la Compagnie. Le rajah dépossédé reçoit une forte pension en échange de sa couronne.

En 1852, le Gange séparait encore les possessions des indigènes de celles de la Compagnie.

Luknow, capitale du royaume d'Aoude, n'a pas les grands souvenirs d'Agrah et de Delhi, mais elle a une apparence de vie et d'activité qu'ont perdue les principales cités de l'Inde. C'est une jolie ville, toute pleine d'édifices mauresques aux coupoles peintes, aux gracieux minarets. Ses rues sont larges, populeuses, et sillonnées en tous sens par d'élégants cavaliers que précèdent des serviteurs, une pique d'argent ou un sabre à la main; par des musulmans portés sur des palanquins couverts d'or et de pourpre, par de bons Luknois étendus nonchalamment sur des éléphants richement caparaçonnés, et de sauvages Afghans, balancés sur le dos de leurs chameaux gigantesques.

Le premier monument que nous visitâmes à Luknow fut celui que le roi avait choisi pour sa sépulture. Il est divisé en cinq ou six parties, séparées par des colonnettes et des arcades mauresques. La pièce principale, où repose déjà la mère du monarque, sous une petite mosquée d'argent doré, et où le roi lui-même a marqué sa demeure dernière, près de celle qui lui a donné la vie, est toute de marbre et ornée d'une manière aussi étrange que magnifique : des volières aux treillis d'or contenant les plus charmants oiseaux s'élèvent de toutes parts; des fontaines jaillissantes versent leurs eaux dans des bassins aux sculptures les plus gracieuses; des fleurs aux mille nuances répandent les plus délicieux parfums; des lustres et des candélabres de cristal se balancent aux voûtes.... Nous oubliions les groupes d'animaux disposés çà et là, et, entre autres, deux tigres de cristal vert, de grandeur naturelle, et un cheval en argent massif. C'est dans cette pièce, et autour même de ce tombeau, que les Luknois sont conviés à des fêtes splendides. Singulière manière d'honorer une sépulture!

Autour de ce campo-santo, s'élèvent un bazar, toujours peuplé d'une foule bruyante, les écuries du roi, contenant quatre cent cinquante éléphants, douze rhinocéros, et, sous des arcades ou des dômes bizarrement peints, de grandes cages de fer renfermant des tigres et des ours; un peu plus loin, on aperçoit un bassin magnifique entouré d'escaliers et de statues grotesques, et sur lequel se balance un bateau à quatre roues, de la forme d'un poisson colossal.

Je ne parlerai point du jardin du palais, où sont disposés çà et là, sous des bosquets de rosiers et de jasmins, d'orangers et de cyprès, des bains de marbre blanc et des pavillons féeriques.

La tombe d'Açaf-Uddoula, l'un des derniers rois de Luknow, s'élève près de ce jardin. C'est une vaste salle de marbre blanc, environnée de portiques sous lesquels sont des écoles de langue persanne pour les jeunes Luknois. Le défunt l'avait ainsi ordonné : il aimait les sciences, cultivait la poésie, et voulait dormir de son éternel sommeil, bercé par les voix des savants.

Nous touchions à la mi-octobre, époque à laquelle l'Inde tout entière célèbre le Ram-Lila, ou la mémoire des aventures et des exploits du fameux Rama. Nous voulûmes assister à ces fêtes aux lieux mêmes consacrés par la naissance et le règne du héros, dans la vieille Aoude. Trente lieues séparent Aoude de Luknow : nous prîmes de bons chevaux, nous nous assurâmes de relais sur la route et nous partîmes de grand matin, deux jours avant la fête.

Dans la même journée, nous traversâmes la vallée de Goumty, où s'élève Luknow, et celle de la Gogra, la Sarayon du légendaire, et, à une heure assez avancée, nous arrivâmes dans la vieille Ayodhia :

« Métropole de la terre des Koçalas, terre féconde en moissons, en troupeaux, en tout ce qui fait la richesse des hommes; fondée au principe des choses par Manou, chef de la race humaine; couvrant, le long de la Sarayon, une aire de trente-six yodjanas carrés (selon l'opinion la plus générale, un yodjana équivaut à une demi-lieue française); ornée de nombreux palais, de jardins, de bocages et de places consacrées aux solennités publiques; étalant dans ses bazars les pierreries les plus fines, les métaux les plus précieux, les étoffes les plus somptueuses; fière de ses remparts, de ses portiques, de ses arcs triomphaux décorés de bannières et de banderoles; plus fière encore de son nom, qui veut dire *inexpugnable*, Ayodhia florissait sous l'œil des dieux et à l'abri des lances d'innombrables guerriers, ardents comme la flamme, ignorant comment on lâche pied dans les batailles, et gardant constamment son enceinte sacrée comme des lions gardent une caverne des montagnes. » (*Ramayana.*)

Aoude a des prétentions d'antiquité qui ne le cèdent en rien à celles de Thèbes et de Memphis. A l'époque de Rama, que tous les légendaires placent au XVIIe siècle avant notre ère, elle comptait déjà une longue suite de rois. Trois mille ans plus tard, au temps d'Aboul-Fazel, « elle était encore une des plus vastes cités de l'Hindoustan et l'une des plus saintes de l'Asie par la grandeur de ses souvenirs. »

Abandonnée il y a un siècle et demi pour Fyzabad, que les mahométans construisirent à deux lieues plus au nord, puis plus tard pour Luknow, Aoude n'est plus aujourd'hui qu'un lieu de pèlerinage, où des djungles arides couvrent des ruines magnifiques de palais et d'édifices qui retentissaient autrefois des noms glorieux de Rama, de Sita, de Lakchmana, et de tant d'autres héros. A l'époque du Ram-Lila, une multitude immense, accourue de toutes les parties de l'Inde, envahit l'humble bourgade qui s'élève au lieu où florissait jadis la belle Ayodhia.

Comme en France au moyen âge on avait mis en scène les mystères sacrés de notre divine religion, ainsi les Hindous célèbrent les exploits de leur illustre Rama. La légende est à demi religieuse et à demi historique. Le fait principal est le siége et la prise de Lanka, ancienne capitale de Ceylan. C'est un autre siége de Troie; une femme a été aussi enlevée, une autre Hélène, la belle et douce Sita. Rama, prince d'Ayodhia, est l'époux outragé. Ravana, roi de Ceylan, est le ravisseur.

Cette légende se joue ordinairement en trois actes, et chaque acte dure une soirée.

Le jour de la première représentation, nous nous rendîmes, dans l'après-midi, sur une vaste pelouse entre l'Aoude moderne, les monticules de ruines qui la séparent de Fyzabad, et le cours de la Gogra.

Déjà, sous une tente de verdure, Rama, son frère Lakchmana, et son épouse Sita, chargés de bijoux et de guirlandes de fleurs, et représentés par des enfants d'une douzaine d'années, beaux comme des anges, mais tout barbouillés de vermilion, de craie et d'antimoine, présidaient un durbar céleste ou assemblée des dieux. Chacun des trois illustres personnages tenait dans la main droite un long sabre, et dans la gauche un arc doré. Une grande foule les entourait : ceux-ci les éventant; ceux-là sonnant du cor, battant du tambour; tous criant, hurlant, faisant un vacarme épouvantable.

Le lendemain, la gentille Sita apparut seule sous le bosquet de verdure; Rama et Lakchmana étaient partis pour la chasse. Tout à coup arrivèrent des nègres affreux aux cheveux crépus, aux membres discords, aux mâchoires saillantes garnies de dents de sanglier. Devant eux marchait Ravana, roi de Ceylan, géant à dix têtes et à vingt bras, énorme machine de quinze pieds de haut à laquelle un ingénieux mécanisme permettait, suivant les conditions exigées par la légende, de changer de forme, c'est-à-dire de costume, à son gré. Le géant se jeta sur Sita, l'enleva dans ses énormes bras et s'enfuit. Alors, revinrent Rama et Lakchmana, qui, apprenant l'horrible nouvelle, assemblèrent leurs hommes de guerre et firent alliance avec Hanouman.

La forteresse de Lanka apparaissait dans le lointain sur les rives de la Gogra. Tout le cortége se mit en marche : Rama et son frère portés dans un riche palanquin, le divin Hanouman gambadant devant eux, le corps entièrement nu, mais affublé d'une longue queue entourant trois ou quatre fois sa taille, d'un masque de singe coiffé d'une sorte de bonnet montagnard, et tenant dans chaque main une grosse massue en carton peint. Quelques centaines de masques, assez semblables à leur chef, cabriolaient après lui, criant, miaulant, hurlant, glapissant....

On attaqua la forteresse, figurée par une vaste construction en bois, en bambous et en carton, élevée à quelque distance sur les rives de la Gogra, et qu'au premier acte on avait habilement cachée par un rideau d'arbres transportés tout entiers de la forêt voisine, de massifs de verdure et de guirlandes de fleurs.

La soirée se termina par une vive escarmouche, une sortie des assiégés, leur retraite précipitée dans leurs murs, et le passage dans la plaine de colossales divinités qui, traînées sur d'énormes roues par les dévots et les pèlerins accourus de toutes les parties de l'Inde, venaient se joindre à l'un ou l'autre parti pour présider au combat.

Le troisième jour, le tumulte alla croissant. La représentation commença par une fusillade très-vive entre les assiégés et les assiégeants. — Nos bons Hindous se soucient fort peu de la date de l'invention des armes à feu. — Debout sur les tours de sa citadelle, le monstrueux Ravana brandissait dans chacune de ses vingt mains quelque arme plus ou moins redoutable ou fantastique. A ses pieds gémissait sa captive, la douce et belle Sita, dont la vue redoublait l'ardeur des deux partis, et qui priait les dieux pour son tendre époux. Le combat continuait depuis plusieurs heures avec un acharnement indicible, lorsqu'enfin les machines qui représentaient les compagnons de Ravana, ses soldats, ses complices, ses chevaux, ses éléphants, sautèrent successivement en l'air, aux grands applaudissements de la multitude. Peu après, une pluie de feu d'artifice s'échappa de tout le corps du géant; ses têtes, ses bras, ses mains, ses armes éclatèrent à la fois et formèrent ainsi le spectacle le plus admirable.

Les ténèbres environnaient la terre au moment de ce dénoûment magnifique, si impatiemment attendu par la foule. Aux lueurs de ces feux aux mille nuances qui se reflétaient à quelques pas dans les eaux bleues et transparentes de la Gogra, nous pûmes apercevoir toute la plaine, plaine immense et littéralement couverte d'hommes aux costumes divers, d'éléphants, de chameaux, de chevaux, de tentes, de mâts ornés de banderoles, de voitures de toute espèce.... Au-dessus de cette multitude, les blanches figures des dieux hindous se balançaient entre le ciel et la terre, surpassant encore en hauteur les verts palmiers de la Gogra.... Cette scène, qui nous représentait l'Asie telle que se plaisent à se l'imaginer les Européens, ne saurait jamais s'effacer de notre souvenir....

Le quatrième jour, Sita, délivrée, fut portée en triomphe dans un palanquin, à côté de son auguste époux.

S'il faut en croire les Anglais et les musulmans, les pauvres enfants qui avaient représenté Rama et Sita ne survivaient point autrefois à leur gloire; ils succombaient empoisonnés par les sucreries des brahmanes, on ne sait trop pourquoi. Que ce bruit soit vrai ou faux, les maîtres actuels de l'Inde président eux-mêmes à la célébration annuelle du Ram-Lila et veillent avec soin au sort des gracieuses divinités.

Nous avons raconté les faits historiques sur lesquels repose la légende, et qui ont inspiré l'une des plus belles œuvres poétiques que l'antiquité nous ait transmises, le *Ramayana* de Valmiki.

Pendant les fêtes d'Aoude, nous avions fait connaissance d'un aimable Anglais, au service de la Compagnie, l'un de ses agents principaux même, en résidence à Almora, capitale moderne du Kemaon. Curieux comme nous, il était venu dans la vieille ville pour la célébration du Ram-Lila; mais il menait un train de prince, et nous voyagions modestement à cheval. Il nous proposa de l'accompagner au retour, invita mon oncle à partager son howdah et nous fit donner, à mon frère et à moi, l'un des éléphants de sa suite. Notre but était le même : Almora. Mais nous parlâmes de Kanodge, et notre nouvel ami nous fit la gracieuseté de consentir à un détour d'un jour de marche, pour que nous pussions visiter cette vieille cité.

Nous ne vîmes que des ruines, mais de ces ruines imposantes qui disent encore la splendeur, bien qu'elles soient déjà à demi envahies par la végétation.

Nous ne fîmes que passer à Bareily, qui n'a rien d'intéressant, rien de remarquable, bien qu'elle soit l'une des plus fortes stations militaires anglaises de l'Inde septentrionale.

Au sortir des plaines du Rohilcund, plaines immenses coupées de cours d'eau qui tous vont grossir le Gange, et agréablement divisées en bois et en riches plantations, nous entrâmes dans la forêt du Tandah, la vallée de la Mort, nom en vérité poétique, mais fort peu rassurant.

Le Tandah n'est que cette partie du Terray qui s'étend au sud d'Almora et dont le nom persan signifie brouillard, vapeur nuisible.

Le Terray est une zone brisée qui longe le pied des montagnes d'une extrémité à l'autre de l'Inde, du Setledje au Brahmapoutre, et dont le sol, sorte de terrain neutre qui n'est composé ni des alluvions de la plaine, ni des roches des montagnes, offre généralement à l'étude « une suite d'assises de sable, de gravier et de cailloux roulés et arrondis par les eaux; le tout déposé en lits réguliers par la double action des courants des montagnes et des marées de l'Océan, aux jours où celui-ci baignait la base d'un grand massif asiatique et lavait de ses eaux, rongeait de ses glaçons, les longues et sinueuses vallées de l'Himalaya. »

Au commencement et à la fin de la saison des pluies, les exhalaisons de la terre recouvrent d'une brume blanchâtre les épais halliers de la forêt du Tandah et en font « un séjour de mort, que les animaux mêmes, sans exception, abandonnent vers la mi-avril, pour n'y reparaître qu'en octobre. Les tigres et les éléphants gagnent la montagne; les singes, les antilopes et les cochons sauvages se jettent dans la plaine cultivée; et les êtres humains qui, tels que les courriers et les militaires, sont quelquefois obligés de traverser la forêt pendant la mauvaise saison, s'accordent à dire que rien, pas même le cri d'un oiseau, ne trouble l'affreux silence de cette immense solitude, abandonnée à la *malaria.* »

La saison des pluies venait de finir, l'air se raréfiait de plus en plus, et les créatures vivantes recommençaient à vaguer dans le Tandah, quand nous le traversâmes. Rien de plus imposant que cette vaste et sombre forêt, rien de plus triste et de plus solennel peut-être que le silence qui nous environnait de toutes parts.

Almora est une ville moderne de douze cents maisons à peu près, et bâtie sur une chaîne de montagnes qui s'élèvent de dix-huit à dix-neuf cents mètres au-dessus du niveau de la mer. De la forteresse, construite de rocs et sur le roc, on jouit d'une vue délicieuse : vers le nord, les pics neigeux qui séparent l'Inde de la vallée mystérieuse des lacs sacrés, et que couronne le groupe colossal du Djavahir; du côté du sud, au pied même des montagnes, la zone noire du Terray, puis un océan de plaines où le regard se perd.

Nous restâmes deux jours à Almora, puis nous continuâmes notre route, traversant des plaines parfaitement bien cultivées, mais où nous ne trouvions que des femmes travaillant sans relâche, tandis que, lorsque nous passions dans les villages, nous voyions les hommes tranquillement assis sur le seuil de leurs cabanes, une quenouille à la main et un panier de laine au bras.

Nous nous arrêtâmes pour une nuit dans l'un de ces villages. Le soir, notre petit campement fut entouré d'une multitude de belles Kémaonniennes, qui, les bras, le cou, la taille chargés de guirlandes de fleurs, formaient une ronde autour de nous en chantant en hindoustan :

« Ce sont les hommes blancs qui attirent après eux l'abondance. Doux est leur sourire. Les femmes qu'ils aiment sont loin, bien loin du côté du soleil couchant.

« Que leur sourire ne s'adresse-t-il à nous? Les travaux des champs ne nous fatigueraient plus.

« S'ils sont heureux, leurs serviteurs ne doivent-ils point l'être aussi?

« Leurs tentes sont déployées, leurs feux sont allumés; ils reposeront cette nuit dans la vallée.

« L'heure du travail est passée; empressons-nous auprès des blonds voyageurs, et que nos danses et nos chants les engagent à demeurer parmi nous. »

Nous leur distribuâmes quelques mètres de ruban, quelques verroteries sans valeur, et elles se retirèrent enchantées.

Le lendemain matin, comme nous songions à nous remettre en route, mon oncle fut tiré à part par l'un des habitants du village.

— J'ai, dit-il, à vous vendre quelque chose qui vous conviendra, j'espère, car je suis pauvre; vous l'aurez à bon compte:

une charmante créature, pas plus grande que cela.... (et il avançait la main à environ quatre pieds du sol); je n'en demande que 80 roupies; c'est pour rien ! Elle est ma fille et mon unique enfant.

— Comment ! répliqua mon oncle, vous voulez vendre votre enfant, votre enfant unique !

— Il faut bien que je vive, répondit-il avec un imperturbable sang-froid. C'est la plus jolie fille du village, et, comme je ne peux pas lui procurer de maris, malgré leur nombre, je suis forcé de la vendre. Et puis, c'est la coutume chez nous, où il y a plus de femmes que nous n'en avons besoin.

Malheureuse coutume, hélas ! mais qui est le résultat de cette autre coutume au moins singulière : une seule femme épouse à la fois quatre maris.

Ce n'est pas seulement parmi les peuples du Kemaon que règne cet usage; nous l'avons retrouvé dans plusieurs autres parties de l'Inde.

Dans ce même village, où maints pères nous offraient leurs filles, on nous refusa positivement un mouton.

— Le mouton nous est nécessaire, nous répondit-on; il nous donne de quoi nous vêtir.

Le lendemain, nous traversions le Sirinagor, nous rendant aux sources du Gange, et nous saluions de loin le Kédar-Nath, montagne de près de six mille huit cents mètres, et qui pourtant n'est qu'un pilier avancé du groupe colossal du Rudra-Himavat.

Près de là, s'élève un temple très-fréquenté des pèlerins; car, selon les Hindous, ces régions ont été le théâtre du drame qui clôt leur grande épopée du *Mahabharata*.

Voici la légende :

« La race belliqueuse des Yadous s'est éteinte dans une guerre intestine. Krichna, son chef divin, après avoir été témoin du massacre de tous les siens, tombe sous les traits d'un obscur chasseur. La mer, détruisant ce que la guerre civile a épargné, recouvre de ses flots la cité de Dravaka, que le héros avait fondée pour être la capitale de son peuple. Apportées à Hastinapoura (Delhi), ces nouvelles plongent dans le plus profond découragement les cinq frères de la maison de Pandu, qui doivent tout à Krichna. Ils prennent alors la résolution de quitter l'empire et de se retirer, comme les sages des temps primitifs, dans quelques solitudes des montagnes, voisines de celles où résident les dieux. Ils se dirigent donc vers l'Himalaya avec leur commune épouse Draupadi; mais, accablés de fatigues, de privations et de froid, les plus jeunes des frères et leur compagne succombent en chemin.

« L'aîné des Pandavas, le roi Youdishthéra, reste seul avec un chien qui l'a suivi depuis son palais. Il monte, ferme, inébranlable, de sommet en sommet. Enfin, devant lui le ciel des bienheureux s'entr'ouvre, et Brahma, debout sur le seuil, lui dit : « Sois le bienvenu! un trône impérissable t'attend ici. »

« Mais Youdishthéra n'ose accepter une destinée qu'il sait ne pouvoir être partagée par le seul ami, le seul compagnon qui lui soit resté fidèle; il contemple son pauvre chien, et le scrupule de l'abandonner aux portes de l'Empyrée l'empêche d'y pénétrer, jusqu'à ce que l'animal s'évanouisse devant l'apparition d'un dieu qui n'a pas dédaigné de revêtir un déguisement impur pour éprouver le roi, et qui déclare, en reprenant sa lumineuse essence, que l'aîné des Pandavas est digne de siéger parmi les dieux et de racheter par l'efficacité de ses vertus les temps d'épreuve que ses frères et son épouse avaient commencé à subir dans le séjour des expiations. Tous les Pandavas entrent donc dans l'assemblée céleste à la suite de Youdishthéra, au milieu des acclamations des immortels, des chœurs dansants des apsararas, ceintes de fleurs toujours fraîches, et au bruit harmonieux des concerts des gandharvas! »
(LANOYE.)

XI.

Ce fut à une heure assez avancée de la soirée que nous arrivâmes au village de Gangotri, construit à plus de quatre mille mètres d'élévation absolue dans l'un des replis du Bagirathi, l'une des principales branches du Gange.

Accablés de fatigue, nous nous retirâmes sous l'un des nombreux hangars qui environnent le bourg et qui sont destinés aux pèlerins. Un grand nombre de brahmanes, de fakirs et de voyageurs y étaient entassés pêle-mêle, les uns dormant, les autres récitant encore des prières. Après bien des recherches, nous trouvâmes enfin un humble toit abandonné ou dédaigné, et nous nous y établîmes. Mais à peine avions-nous pris deux heures de repos, que mon oncle nous éveilla, nous invitant à venir contempler dans le recueillement et le silence l'effet d'un magnifique clair de lune sur le site grandiose qui nous environnait de toutes parts.

« Du haut d'un pont rudimentaire auquel deux roches surplombant le fleuve servent de culées, notre vue se heurtait de toutes parts à d'immenses murailles entièrement sombres, excepté du côté de l'orient, d'où le Gange semble sortir d'une vaste mer de glace, ceinte d'un rempart de neiges éternelles que couronnent des pics de plus de six mille mètres d'élévation. Aux clartés molles et roses de la lune, on eût dit un amphithéâtre gigantesque d'albâtre et de nacre tout parsemé d'opale. »

Nous fîmes quelques pas, nous aperçûmes une lumière solitaire, et nous nous dirigeâmes du côté où elle projetait sa lueur faible et incertaine. Elle sortait par l'étroite ouverture d'un petit temple consacré à Ganga, la patronne du saint fleuve. Nous tournâmes autour de l'humble édifice ; la porte en était ouverte, nous entrâmes. Un jeune Hindou, paré de fleurs et debout devant l'autel, entretenait le feu sacré en l'honneur de la déesse, en y versant sans cesse du beurre clarifié, tandis qu'un vieux brahmane, au front chauve et à la voix nasillarde, récitait les strophes de l'Adikanda, alors que Valmiki célèbre par des chants sublimes, de magnifiques *slokas*, la descente du Gange sur la terre. Il redit les efforts surhumains des premiers rois de l'Inde pour obtenir ce bienfait des dieux ; Sagara et ses fils morts à la peine ; Brahma l'accordant enfin aux vertus de Bagiratha, et le puissant Siva aidant au fleuve divin, purifiant, immaculé, à se répandre sur le monde.

« Le cortége splendide des *dévas* était là tout entier, avide de contempler cette merveille, miraculeux spectacle dont le monde n'avait pas encore été témoin.

« Le ciel, couvert de nuages, mais illuminé par les auréoles des dévas fendant l'espace, et par l'éclat de leurs ornements, paraissait comme inondé par les rayons de cent soleils.

« Ici le fleuve surexcité précipitait sa chute, là il se repliait en sinueux détours; plus loin, s'étendant en une nappe immense, il ralentissait ses ondes ou heurtait à grand bruit leurs masses accumulées.

« L'espace tout entier était sillonné en guise d'éclairs par des dauphins, des groupes de serpents, des poissons aux lueurs phosphoriques; et l'éther, baigné d'innombrables jets d'écume blanchissante, ressemblait à un pâle ciel d'automne traversé par des troupes de cygnes.

« Ainsi se précipitaient sur la terre et se répandaient sur le sol les eaux tombées de la tête de Siva, et cependant les génies des forêts et des montagnes, les êtres habitant les retraites mystérieuses de la terre, se pressaient sur le passage du fleuve impétueux, et, après s'être plongés dans ses flots purs et vénérés, ils se recueillaient, lavés de toute souillure, autour des pieds de Siva.

« Tous ceux qu'une malédiction suprême avait rejetés du ciel sur la terre, purifiés de nouveau par le contact régénérateur de ces eaux, remontèrent au céleste séjour. Les *maharchis* (archanges), les *siddhas* (saints), les divins *richis* (patriarches), murmuraient les prières sacrées que chantaient à haute voix les *dévas* et les *gandharvas* (musiciens célestes). Les chœurs des *apsaraas* (muses, grâces, nymphes) menaient leurs danses légères, *ascètes* et *munis* se livraient à la joie; l'univers entier triomphait; la descente du Gange remplissait de bonheur les trois mondes.

« Le saint royal, le majestueux Bagiratha, assis sur un char divin, tenait la tête du cortége, et derrière lui courait le Gange, et les dieux et les richis, les fils de Danu, les puissants Rackchas, les génies du ciel et de la terre, et ceux qui habitent les eaux, tous suivaient le fleuve ondoyant et couronné d'écume, qui bondissait comme en se jouant sur les pas de Bagiratha.

« Ayant atteint l'Océan, le roi, suivi du Gange, entra dans le sein de la terre par la voie qu'avaient excavée les fils de Sagara, et, ayant introduit le saint fleuve dans les régions infernales, il consola ses aïeux que la flamme avait dévorés.

« Au contact vivifiant de l'eau fraîche du Gange, les sagarides, revêtant soudainement une forme éthérée, s'élancèrent triomphants dans les cieux.

« Témoin de ce spectacle, Brahma, entouré de son cortége de dévas, parla ainsi à Bagiratha : « Les voilà délivrés, grâce à « toi, tes antiques ancêtres, les nombreux fils du magnanime « Sagara, et ils conserveront les trônes célestes qu'ils viennent « de conquérir aussi longtemps que l'Océan occupera ses im- « muables profondeurs. Quant à ce fleuve, qu'il soit désormais « considéré comme ton enfant. Connu des dévas et des richis « sous le nom de Trivia, parce qu'il se répand par une triple « voie sur les trois mondes, sa descente sur la terre lui vaudra « l'appellation de Ganga parmi les hommes, et son troisième « nom sera Bagirathi; car, sage observateur des vœux, il est « l'enfant de ton amour. » (*Ramayana* de Valmiki.)

Le lendemain, nous vîmes la multitude des pèlerins accomplir leurs dévotions, se baigner avec ferveur et jeter à la dérive du fleuve, comme offrande propitiatoire, des pelotes de sable, d'herbe et de fleurs, tandis que des *djoguis* (brahmanes errants), « le corps nu et blanchi par la cendre, les reins ceints étroitement d'une corde, les cheveux entortillés comme des serpents, et les mains étendues sur les hanches, marchaient à pas cadencés en répétant constamment et d'une voix sourde : Ram ! Ram !... »

Ram est l'un des mille noms de la divinité.

Le bonheur envié par les pèlerins, ce serait de mourir sous les hangars que nous avons dits, en vue du fleuve sacré; mais les brahmanes ont déclaré que nul homme n'est assez méritant pour exhaler son dernier soupir dans un lieu aussi saint, et ils se hâtent d'emporter, bon gré mal gré, ceux des fanatiques dont les forces épuisées annoncent la fin prochaine.

Nous remontâmes le Bagirathi jusqu'à son confluent avec le Djahnavi-Ganga. Ces branches les plus reculées du fleuve sacré se précipitent toutes deux du sein de glaciers élevés dans des gouffres profonds aux noires parois à pic. De là, ayant traversé une délicieuse vallée ombragée de bananiers, de figuiers et de framboisiers, nous gravîmes une longue suite de terrasses naturelles; nous franchîmes, en nous dirigeant vers la Djemna, les montagnes qui séparent les bassins naissants de ce fleuve et du Gange, et, arrivés au point de partage des deux versants, nous découvrîmes l'une des plus magnifiques scènes qu'il soit donné à l'homme de contempler. Sous nos pieds, une épaisse couche de neige permanente indiquait trois mille six cents mètres environ de hauteur absolue; derrière nous, se dressaient les sommets qui dominent la Jumnotri; à l'est, les pics géants qui marquent la source du fleuve sacré, du triple Gange; puis, un peu au sud de ceux-ci, le Kedar-Nath et le Badri-Nath, objets également de la superstition hindoue, étageaient dans l'azur du ciel leurs masses blanches et colossales, aussi élevées au-dessus du niveau où nous nous trouvions, que les pics des Pyrénées ou l'Etna le sont au-dessus de la Méditerranée. Du côté du sud, la perspective, moins imposante, mais plus variée, se déroulait de gradin en gradin, à travers des zones de neige et de forêts, jusqu'aux bords d'une rivière immense; cette rivière promenait ses eaux à travers des moissons jaunissantes, le long de coteaux diaprés de bois et de cultures, où, à l'ombre de vergers nombreux, se cachaient les habitations des hommes.

Après avoir joui longtemps de ce ravissant spectacle, nous redescendîmes dans les vallées, de l'autre côté des montagnes. Tout à coup nous vîmes quelques Hindous, qui nous avaient suivis par curiosité ou par dévotion, accomplissant le même pèlerinage que celui que nous avions résolu; nous les vîmes ôter leurs souliers. Pensant que nous approchions du lieu sacré, nous cherchions vers le sommet tortueux du vallon quelque immense glacier d'où sortît le fleuve en imposante cascade, quand les pèlerins se prosternèrent tous à la fois, et ne se relevèrent que pour accomplir force salams.

Nous nous avançâmes du côté où ils regardaient, et nous aperçûmes un léger nuage de vapeur suspendu le long d'un rocher d'où dégouttaient des eaux chaudes sur une longueur d'une quinzaine de mètres. Quelques-unes de ces petites sources bouillonnaient avec une sorte de régularité intermittente au milieu de cratères en miniature, formés de concrétions semi-transparentes. L'une d'elles, jaillissant de la paroi même du rocher, comme d'un robinet artificiel, et fournissait un mince jet de deux mètres de [illegible]. C'est là surtout l'objet de la grande vénération des Hindous, la Jumnotri proprement dite.

Tous les pèlerins se déshabillèrent et se vinrent [illegible] sous cette pluie chaude, presque brûlante, avec mille et une grimaces de douleur et de dévotion.

Nous les laissâmes, après plusieurs heures, récitant encore des prières, et faisant leurs vœux et leurs offrandes entre les mains d'un vieux brahmane, ermite de la solitude. Nous continuâmes notre route en suivant le cours de la Djemna, dans l'étroit vallon qu'elle traverse d'abord, vallon qui n'est qu'une crevasse dont les bords [illegible], presque à pic, sont surmontés de larges monceaux de neige, tandis qu'à leur base s'épanouissent de loin en loin des bouquets de daphnés et de rhododendrons.

A Gursali, nous gagnâmes l'autre rive en traversant le torrent sur un tronc d'arbre couché sur le fleuve, puis, après bien des efforts et bien des fatigues, nous atteignîmes le Pabour à son confluent avec la Soupine. Nous côtoyâmes ce torrent, l'un des plus agréables peut-être que nous ayons vus dans l'Himalaya, nous traversâmes la vallée qu'il arrose, et montâmes à la crête [illegible] du [illegible] ou de Bouranda.

[illegible]

Nous étions résolus de gagner [illegible] par le [illegible] revers de l'Himalaya, nous traversâmes donc ces montagnes.

Je raconterai en peu de mots notre voyage, qui nous valut un mois encore de marches forcées et de fatigues excessives, mais pendant lequel nous vîmes les scènes les plus imposantes de la nature.

De l'autre côté de l'Himalaya, le sol descend [illegible] vers le Thibet et Ladak, que ne le font des vallées [illegible] la ligne de [illegible] sur les pentes méridionales de la grande chaîne de l'Inde, aussi, la végétation [illegible] ; ce n'est plus de toutes parts qu'un sol nu, que montagnes rocheuses [illegible] de neige.

Le climat de ces régions est d'une constance étrange ; la sécheresse de son atmosphère est telle, que la ligne des neiges éternelles, qui descend à moins de quatre mille mètres sur leversant hindou de l'Himalaya, remonte à près de six mille mètres le long des chaînes thibétaines. Ce qu'il y a de grand dans ces montagnes, ce qu'il y a d'imposant, c'est moins leur hauteur apparente que l'espace qu'elles occupent. Voilà ce dont les Alpes ne peuvent donner une idée. Le diamètre de la bande occupée par leurs cimes est comparativement fort étroit; leurs vallées sont si ouvertes, que les regards s'y promènent comme dans les plaines. Dans l'Himalaya, au contraire, c'est toujours à des sommets que la vue s'arrête, et, quand on s'élève davantage, on ne fait que découvrir des cimes nouvelles, plus éloignées. C'est un labyrinthe sans fin de pics noirs, d'abîmes béants, de neiges éternelles, entre-croisés de mille façons.

Ici, ce sont des croupes isolées et droites que ne sillonne aucune ravine; on dirait des tronçons de prismes triangulaires posés sur une de leurs faces. Là, ces croupes, également isolées, sont arquées ou coudées. Ailleurs, ce sont des pyramides entassées les unes sur les autres, et qui projettent dans toutes les directions des arêtes qui se rencontrent avec d'autres arêtes descendues de massifs semblables; au lieu de leur jonction, quelquefois elles se relèvent, d'autres fois elles s'abaissent brusquement pour former un col étroit. Les eaux suivent les routes tortueuses et divergentes que le caprice de la direction des montagnes leur impose, et, avant que d'arriver des neiges de l'Himalaya à l'entrée des plaines de l'Hindoustan, il est peu de torrents qui n'aient coulé vers tous les points du compas.

Nous nous sommes assez avancés vers le Nord pour laisser derrière nous à une assez grande distance la chaîne neigeuse de l'Himalaya indien, et cependant le pays s'élevait sans cesse au-devant. Nous avons pu consulter des pèlerins qui revenaient du lac Mansarover, des marchands qui avaient voyagé jusqu'à trois mois de marche au nord et à l'est de Tchini. Leurs rapports concordent trop pour ne pas être exacts. Tous représentent les contrées qu'ils ont parcourues dans ces directions comme assez semblables à celles que je viens de décrire, c'est-à-dire hérissées de montagnes entassées sans ordre, ramifiées au hasard ou s'allongeant en chaînes entre-croisées. L'Himalaya, dont les neiges éternelles forment pour toutes les plaines du Gange un spectacle si plein de grandeur, n'est donc qu'une humble et modeste préface des Alpes thibétaines.

Nous prîmes près de quinze jours de repos à Tchini, dans la vallée du Setledge, au retour de notre longue excursion dans le Nord; car notre cher cicérone était épuisé de fatigue.

Tchini est bâti sur la rive droite du Setledge, qu'il domine de six cents mètres, et dans un site admirable : d'un côté, les Alpes thibétaines, qu'on aperçoit dans le lointain; vers le sud, la chaîne imposante de l'Himalaya avec ses forêts de cèdres et ses mille cimes neigeuses; de toutes parts la vallée du Setledge.

Peu de temps après notre arrivée, nous fûmes invités par quelques hauts fonctionnaires de la Compagnie des Indes, qui, comme nous, étaient venus étudier et admirer les grandes scènes de la nature au sein de ces montagnes majestueuses; nous fûmes invités à les accompagner à un petit village voisin appelé Khoti, où se devait célébrer une fête religieuse et champêtre tout à la fois.

Quand nous entrâmes à Khoti, toute la population se livrait à une joie aussi vraie que naïve. Bientôt une longue procession sortit du temple de l'humble bourg. Le dieu de la localité marchait en tête, dansant de toutes ses forces ou gardant un honteux repos, au gré de ses capricieux porteurs. C'était une sorte de mannequin colossal à douze têtes, affublées chacune d'une barbe formidable en queues d'yacks, et coiffées en commun d'un énorme panache de même nature. Au son des tambours et des cymbales, cette étrange divinité, en jupon de soie, et toujours dansant ou accomplissant mille gestes grimaçants, se rendit à un *déota* ou reposoir permanent, comme il en existe un grand nombre dans ces montagnes du nord de l'Inde. Elle en fit le tour, cherchant peut-être quelque place commode où, siégeant, elle pourrait recevoir l'encens et les offrandes de ses fidèles, quand arriva, du village voisin, en marchant avec un semblable cortége et une aussi délicieuse musique, un dieu de même espèce. La politesse voulut un avant-deux des plus agréables, et dans lequel les deux divinités déployèrent force grâces et rivalisèrent d'agilité. Un troisième, puis un quatrième dieu arrivèrent, et la danse recommença de plus belle. Après les dieux, leurs fidèles dansèrent. Ils se placèrent sur un rang autour du *déota*, où ils avaient déposé le quatuor sacré; puis chacun passa ses bras derrière son voisin de droite et de gauche, et prit la main de celui qui venait après; ils décrivirent ainsi une ronde gracieuse, qui se balança cent fois devant les dieux et alla s'animant jusqu'à ce que les danseurs, épuisés de leurs sauts et de leurs gambades, mais les exécutant toujours avec ensemble et précision, tombassent épuisés aux pieds des idoles. De tels exercices nécessitèrent force rafraîchissements. Il y a des vignes dans le pays; c'est assez dire comment se termina la fête.

Un des usages les plus singuliers de ces peuples des montagnes, c'est la polyandrie : quel que soit le nombre des frères dans une maison, ils n'ont jamais qu'une femme en commun. On dit que la plus aimable union règne dans ces monstrueux ménages.

Je ne manquai pas de noter sur mon calepin de voyage la manière dont nous passâmes le Setledge, le lendemain de notre départ de Tchini pour Sourann

Le fleuve se précipite en cet endroit entre deux murailles à pic, de plusieurs centaines de mètres d'escarpement. Un *djoula* ou câble est tendu d'un de ces murs à l'autre. Une pièce de bois en forme d'anneau est passée autour de ce câble ; les voyageurs y suspendent leurs bagages et s'y attachent eux-mêmes. Si le câble rompt, ils sont perdus sans ressource. Du reste, je fus entraîné si rapidement au travers de cet abîme, que j'eus à peine le temps de regarder le torrent furieux qui mugissait au-dessous de moi.

Le Setledge, fleuve divinisé de la mythologie sanscrite sous le nom de Satadron, sort des lacs sacrés ou de leur voisinage immédiat, coule de l'est à l'ouest pendant soixante-dix ou quatre-vingts lieues, au nord de la chaîne couverte de neiges éternelles dont les flancs méridionaux donnent naissance au Gange et à ses affluents. Il se précipite ensuite du nord au sud de l'Himalaya par une énorme échancrure de ces montagnes, la seule qui rompe la continuité de leurs lignes de sommets, qui partout ailleurs n'est déprimée que par des cols étroits, élevés de plus de quatre mille mètres, tandis que le large défilé par où débouche le Setledge est creusé à moins de mille mètres au-dessus du niveau de la mer.

En quittant le Setledge, nous nous engageâmes dans la forêt de Mahasson, sur la bonne route ouverte par les Anglais du fleuve à Simla, et sous les voûtes épaisses de verdure formées par l'entrecroisement des sapins séculaires et des déodavas gigantesques.

Nous y rencontrâmes un pauvre rajah des montagnes, courant avec tout son peuple et des sujets d'emprunt aux noces de son fils, à la cour d'un rajah du voisinage. Le peuple, marchant gratis à la noce de son prince, comme il est d'usage dans l'Himalaya, ouvrait le cortége, portant ses tentes, ses vivres, ses chaudrons, ses écuelles ; puis venait le clergé, entourant son chef suprême, monté dans une petite litière ; le futur époux, héritier présomptif du trône, sur une autre litière couverte d'oripeaux; enfin, le roi régnant, sans aucun appareil, mais le visage épanoui....

Quand il s'agit de princes riches et puissants, ces cortéges de noces sont magnifiques. Notre guide nous parla du mariage d'un rajah où quinze mille personnes et cent éléphants formaient la suite du fiancé, et où l'on répandit de la monnaie de cuivre des limites des États de l'époux à celles des domaines du père de la jeune fille; des pièces d'argent, de ce point à la porte de la ville; des pièces d'or, de la porte de la ville à celle du palais.

Simla, situé à quelques lieues du Setledge, est le rendez-vous d'été du grand monde officiel de l'Inde; c'est là qu'au sein des montagnes et à l'ombre des cèdres et des rosages, on vient échapper, dans de gracieux chalets élevés au bord des précipices et sur les pics des rochers, aux chaleurs dévorantes du Bengale et de Lahore. Nous y passâmes plusieurs semaines, à cause de la fatigue de notre cher parent.

Ce temps, nous l'employâmes à des courses aux environs avec un jeune Français, qui revenait d'un long voyage dans les provinces de l'Indus, et à des études de mœurs dans la localité même.

Nous avons remarqué un usage singulier chez ces peuples des montagnes : enclins à la mauvaise foi et au parjure, ils ne transgresseraient pour rien au monde la parole donnée, s'ils ont fait leur serment en tenant la queue d'une vache. La vache est pour eux l'animal le plus sacré.

Philippe et moi, nous avions grande envie d'entraîner notre oncle dans les provinces de l'Indus; le jeune voyageur que nous rencontrâmes à Simla nous dissuada de ce projet, nous disant avec raison que le bassin du Sind, la région des sept fleuves, n'offre plus, depuis la conquête par la Compagnie, le même intérêt qu'il y a une trentaine d'années :

« On sait quelle était alors la splendeur de ces cours indigènes. A Lahore, par exemple, une réception officielle, une audience d'apparat, valait à elle seule la remonte du Gange ou de l'Indus. Quel spectacle! On arrivait sur un éléphant de parade, dont le caparaçon valait tous les écrins d'une prima-dona; on entrait dans des jardins bordés de colonnades de marbre, diaprés de gazon, de verdure, de fleurs et de bassins aux jets d'eau parfumée. Là, entouré d'une foule immense de guerriers et de grands vassaux, rappelant par le luxe, la coupe, la forme et la matière de leurs costumes et de leurs armes, les barons de notre Europe féodale, le roi s'avançait à votre rencontre. Beau ou laid, sage ou pervers, il était toujours affable pour les visiteurs occidentaux, et relevait son apparence, d'ordinaire assez commune, par l'éclat du plus beau diamant du monde, le *kouinour*, qu'il portait sur son bras droit. Après vous avoir embrassé sur les deux épaules, il vous faisait asseoir à ses côtés sur une chaise fabriquée de ducats de Hollande fondus, et faisait placer sous vos pieds des tabourets d'argent. Une fois assis, et les salams reçus et rendus, vous vous aperceviez que, depuis votre entrée dans ce cercle féerique, vous n'aviez marché que sur des châles de Cachemire, et que toutes les allées, les terrasses et les avenues, aussi loin que votre regard pouvait porter, étaient couvertes d'un revêtement identique. Non-seulement les lourds talons des soldats aux armures de fer, les pieds furieux des monomanes akhalis et les petites sandales des bayadères rôdant mignardement à travers la foule comme de jeunes chats favoris, mais même les chevaux aux housses splendides et aux allures fougueuses, foulaient ces tapis que toute beauté de l'Occident eût été fière d'étaler sur ses blanches épaules. Comme complément à cette scène des *Mille et une Nuits*, venait l'échange des *nuzzers* ou cadeaux. Vous offriez au roi quelque arme, quelque étoffe, quelque livre d'Europe, peut-être même un épais cheval de roulier bas-normand, échantillon monstrueux de l'espèce, et il répondait par des châles, des pierreries et de pesants sacs de roupies, renouvelés régulièrement chaque matin ou à chaque station que vous faisiez dans les États de Sa Majesté.

« Pour être moins magnifique, moins fastueuse, l'hospitalité des amirs du Sind n'était ni moins curieuse ni moins piquante, car elle rappelait les mœurs un peu primitives des Béloutchis, à peine entrés dans la phase de civilisation que représente la féodalité militaire.

« Dès qu'un étranger apparaissait devant l'étroit pont-levis conduisant à la demeure fortifiée de l'un des amirs, cinquante serviteurs empressés venaient prendre la bride de sa monture, le guidaient devant le perron de la salle d'audience, lui tenaient l'étrier, l'aidaient à descendre, et autant de *bismillahs* éclataient au moment où son pied touchait le sol. Plusieurs personnages de rang l'attendaient à la porte. L'un d'eux le prenait par la main, un autre lui ôtait sa chaussure, qu'un troisième remplaçait par des pantoufles de cérémonie; puis on l'introduisait dans une grande pièce carrée, n'ayant d'autre ameublement qu'une large ottomane munie de riches coussins de velours et de brocart, et entourée d'un grand tapis de Perse. L'amir était couché sur ce divan, au milieu de ses chefs, de ses ministres, de serviteurs, de gens armés de toute classe, tous en grand costume, les plus élevés en rang se tenant le plus près de l'amir et jouissant du privilége exclusif d'occuper le tapis.

« A l'entrée de l'étranger, tout le monde se levait, et le salam oriental, l'embrassade sur les deux épaules, s'échangeait d'abord avec l'amir, puis avec tous ses voisins, cérémonial que la corpulence de Leurs Altesses et des Béloutchis en général était loin de rendre toujours agréable. On donnait alors un siége au visiteur, comme marque d'honneur, et la conversation s'engageait, la suite de l'amir se montrant, pendant toute sa durée, attentive au moindre mot, au moindre geste du maître. Un pli de son vêtement venait-il à se déranger, une douzaine de mains s'empressaient de le rajuster. Une expression lui faisait-elle faute au moment opportun, vingt bouches officieuses s'ouvraient aussitôt pour la lui suggérer. A chaque pause qui survenait dans la conversation, le chef ne manquait jamais de s'enquérir de la santé de son hôte, en joignant les mains et en prononçant le monosyllabe *housh!* Si les yeux de l'étranger venaient à rencontrer par hasard ceux de quelqu'un des chefs présents, celui-ci se croyait tenu, par la politesse orientale, d'exécuter immédiatement la même cérémonie. Si important que pût être le sujet de la conférence, l'entretien finissait presque toujours par tomber sur la chasse, et une invitation à prendre part à ce royal passe-temps (la plus haute preuve d'estime qu'un amir pût donner à un hôte) était adressée à l'étranger.

« Chaque amir avait son divan et son établissement séparé, et le même cérémonial se renouvelait chez chacun d'eux. Dans les visites d'apparat, on échangeait des présents; dans les circonstances ordinaires, des comestibles, et surtout de grands plateaux de sucreries étaient envoyés à l'étranger et à sa suite, et, pourvu qu'il fût revêtu d'un caractère politique, il était défrayé de toutes ses dépenses pendant toute la durée de son séjour. »

Aujourd'hui, les principales cités du Sind sont désertes, et les derniers amirs languissent, pour la plupart, dans le fort de Chunar.

Cachemire, dont le nom est si célèbre encore et entouré de

tant de prestige; Cachemire, qui a souffert sous l'oppression successive des Mogols, des Afghans et des Seikhs, n'est plus qu'un repaire immonde de mendiants et de scrofuleux, qu'une misérable cité, qu'ont dédaignée les Anglais et qu'ils ont abandonnée, pour le temps de la transformation sans doute, à Goulab-Sing, ancien feudataire de l'empereur Runjet-Sing. Les fabriques qui, pendant tant de siècles, ont fait la renommée et la richesse de Cachemire, sont abandonnées aujourd'hui.

Nous ne dirons rien du Brahmawarta, nom que le livre de Manou donne aux vallées qui s'étendent de la ligne de faîte de l'Himalaya à la chaîne de hauteurs qui court, à vingt ou trente lieues plus au sud, des bords de l'Indus à ceux du Burrampoutra, et sorte de Suisse où les riches Anglais ont, de toutes parts, des établissements comme à Simla. Nous y fîmes pourtant plus d'une longue halte avant de gagner Hurdwar, petite ville située à l'endroit où le Gange coupe la dernière terrasse des contre-forts de l'Himalaya, et où nous arrivâmes au commencement d'avril, c'est-à-dire à l'époque de la foire annuelle. Plus d'un million d'hommes y accourent chaque année de toutes les parties de l'Inde, les uns par dévotion, car il y a aussi fête religieuse, les autres par intérêt.

La foire d'Hurdwar est peut-être la plus considérable de l'Inde. On y vend une quantité prodigieuse d'animaux de toute espèce et les produits de toutes les parties du monde.

A Hurdwar, nous louâmes des chevaux pour nous rendre à Delhi.

XII.

Quelques jours après avoir quitté Hurdwar, nous arrivions à Delhi, la grande ville impériale, sur laquelle, il y a un siècle, les yeux de toute l'Inde, les yeux de toute l'Asie étaient dirigés, et qui était pour l'Orient ce qu'étaient, dans le temps de leur splendeur, Athènes pour la Grèce et Rome pour l'Europe.

Des ruines d'une grandeur immense annoncent l'approche de Delhi, de quelque part qu'on y arrive; elles environnent la ville d'une zone de cinq kilomètres environ, rappelant les scènes effroyables de carnage et d'incendie dont ces lieux ont été le théâtre. On sait la conquête et les cruautés de Timour en 1397 et de Nadir en 1738.

Nous entrâmes dans Delhi à une heure assez avancée de la soirée. Impossible de faire usage, ce même soir, de la lettre de recommandation que nous avions pour le résident anglais; nous descendîmes donc dans l'un des bungalows des faubourgs destinés aux Européens en passage, et nous y campâmes pour la nuit.

Le lendemain au point du jour, mon frère et moi, impatients de curiosité, nous parcourions déjà la ville. Nous montâmes l'escalier de la première mosquée que nous rencontrâmes, et qui se trouva être la fameuse Djema-Mesdjid, l'une des plus belles du monde. Moyennant quelques roupies, nous montâmes au sommet de l'un de ses minarets et nous contemplâmes, du haut de cet observatoire, le spectacle magnifique que nous offrait la ville : le palais du Grand Mogol, environné de ses murailles de granit rouge, les dômes dorés et arrondis d'élégantes mosquées se dérobant à demi sous le feuillage des tamarins et des lilas des Indes, un vaste amas de maisons à terrasses italiennes, et, au loin et de toutes parts, des ruines succédant à des ruines.

A notre retour au bungalow où nous avions laissé notre oncle, nous trouvâmes devant la porte de notre humble gîte un brillant équipage accompagné d'hommes portant de hautes cannes à pommeau d'or et de plusieurs serviteurs montés sur des dromadaires. Mon oncle, qui avait envoyé dès le matin au résident sa carte et sa lettre de recommandation, en recevait pour lui et pour nous l'invitation la plus flatteuse de faire de son palais notre propre demeure.

L'invitation était trop pressante, puisque le résident nous envoyait chercher, pour que nous nous y refusâmes; aussi nous ne fîmes nulle difficulté de monter dans le carrosse.

Le résident, qui représente la Compagnie des Indes et qui est chargé, avec la garde et la surveillance de la famille impériale, de l'administration civile, judiciaire et financière du million d'âmes qui peuplent le district de Delhi, habite une charmante villa, assez près de la ville pour être à portée de ses occupations quotidiennes, et assez loin pourtant pour jouir des charmes de la solitude.

Un résident est un gouverneur anglais nommé par la Compagnie dans les villes où elle laisse substituer l'ancien état de choses, c'est-à-dire, où elle laisse sur le trône le souverain qu'elle a vaincu, lui ôtant tout pouvoir, mais lui donnant la responsabilité des actes; de sorte que le peuple aime ou hait son prince naturel, selon qu'agissent les conquérants.

La conduite des Anglais envers les Hindous est à la fois bienveillante et injuste : ainsi, ils défendent positivement que les veuves soient brûlées; que les maris, même les princes, massacrent leurs femmes comme ils le faisaient pour le moindre caprice; que les malheureux sujets qui ont déplu à leur souverain soient écrasés par les éléphants ou traînés à la queue de ces animaux, comme il n'arrivait que trop souvent; mais ils condamnent le fantôme de roi à qui ils laissent son palais et son titre à un tribut énorme, et ce roi doit, par conséquent, augmenter les impôts.

Nous donnâmes deux jours au repos; le troisième, nous courûmes la ville.

Cette ville est appelée encore aujourd'hui par les indigènes le *nouveau Delhi*, bien qu'il y ait deux cents ans qu'elle soit construite. C'est la continuation de la vieille ville. Sept Delhi se sont succédé sans interruption. Dès que les fortifications, les mosquées, les palais se dégradent, on les abandonne et on en construit de nouveaux.

Le nouveau Delhi est bâti sur la Djemna. Il contient, dit-on, cinq cent mille habitants; mais il n'en a réellement que deux cent mille, dont cent Européens seulement. Au temps de sa splendeur, il en comptait deux millions. Les rues de cette ville sont plus larges et plus belles que celles que nous avons vues dans toutes les cités de l'Inde. La principale de ces rues, appelée Tchandin Tschank, est surtout remarquable; mais un étroit canal coule au milieu, à demi rempli de décombres, et les maisons qui la bordent, presque toutes d'un étage et mal construites, ont de misérables auvents sous lesquels sont exposées de sales marchandises : ce qui donne à cette rue si belle par elle-même un triste et dégoûtant aspect. C'est près du bazar que l'on trouve les plus jolies maisons et les plus riches étalages. Nous y avons visité plusieurs manufactures d'objets d'or et d'argent et de tissus d'or.

Les Hindous excellent dans la fabrication des ouvrages d'or et d'argent. Dans ce genre, leur goût et leur art n'ont pu encore être égalés en Europe, même à Paris. Tout le monde sait aussi la beauté des châles de l'Inde. Au centre de la fabrication même, à Delhi, un beau châle ne coûte pas moins de 10,000 fr.

Il est extrêmement intéressant de parcourir le soir les rues de Delhi. On peut voir alors le genre de vie des riches et des pauvres Hindous.

Il n'y a pas de ville qui soit la résidence d'autant de princes et de nobles : outre l'empereur détrôné et pensionné par la Compagnie et les princes de sa famille, qui sont au nombre de plusieurs mille, un grand nombre de rajahs dépossédés et de ministres déposés, qui tous reçoivent une indemnité des Anglais, résident à Delhi. Leur présence y cause une animation extraordinaire. Tous, désireux de se montrer en public et de faire étalage de leurs richesses, sont toujours en grandes ou petites parties, et, montés sur des éléphants, ils parcourent la ville non-seulement pendant le jour, mais encore pendant la soirée.

Dans la journée, les éléphants sont couverts d'étoffes brodées d'or et parsemées de pierres précieuses. Les princes et les grands s'asseyent deux ou quatre dans des siéges nommés howdahs, sur lesquels sont étendus les châles les plus magnifiques et les plus coûteux. Au-dessus des howdahs se balance un dais d'écarlate ou de pourpre richement orné, où des serviteurs tiennent étendus de superbes parasols. On rencontre par douzaines ces éléphants, montés par des princes dans les plus somptueux costumes orientaux. Ces sortes de cavalcades, si l'on veut bien nous permettre ce mot à propos d'éléphants, sont escortées par un corps de cinquante à soixante soldats et par un grand nombre de serviteurs.

Le soir, les cortéges ne sont ni si nombreux ni si pompeux. Le noble prend un seul éléphant moins richement caparaçonné ou un cheval arabe au mors et à la bride d'or ou d'argent, et, suivi par un petit nombre de serviteurs, parcourt les rues de la ville, causant avec les dames d'une certaine classe qui se montrent sans voile aux galeries des maisons ou qui se promènent elles-mêmes dans des bailis aux rideaux de pourpre et traînés par des bœufs blancs, au cou desquels sont suspendues de petites sonnettes d'argent.

Hâtons-nous de dire que ces femmes, si belles pour la plupart, qui se montrent sans voile et dans de somptueux accoutrements, bien différentes des femmes des castes élevées, qui ne sortent jamais que dans des palanquins fermés, et des femmes des castes pauvres, dont les travaux les plus pénibles sont exclusivement le partage, hâtons-nous de dire que ces femmes ne sont autres que des danseuses. Le nombre en est grand dans l'Inde et se recrute chaque année parmi ces infortunées qui, fiancées en naissant, voient mourir avant l'âge du mariage celui à qui elles devaient être unies, et qui ne peuvent plus se marier. Les femmes qui deviennent veuves ou de cette manière ou après des années de mariage, sont méprisées. On s'imagine qu'elles ont démérité dans un état primitif, puisqu'elles tombent dans une telle infortune. Les Hindous croient à la métempsychose.

A côté des éléphants solitaires ou des fringants coursiers arabes, on voit aussi des chameaux, arrivant des contrées lointaines et succombant sous le poids des fardeaux, des chevaux moins beaux montés par des personnages de seconde classe, des bailis plus modestes, dont usent les castes mixtes, au point de vue de la fortune, enfin des milliers de piétons qui se croisent et s'entre-croisent.

Parmi les spectacles les plus curieux dans ces rues si animées pendant les heures du jour et de la soirée, n'oublions pas ceux des jongleurs, des saltimbanques et des charmeurs de serpents.

J'ai vu des tours étonnants faits par ces jongleurs indiens; les uns font sortir de la fumée et du feu de leur bouche; les autres mêlent de la poudre blanche, de la poudre rouge, de la poudre jaune, de la poudre bleue, les avalent et les rejettent ensuite, chacune séparément et sèche; d'autres se font une petite ouverture à la peau et en font sortir des mètres de fil, de corde, de soie, de ruban, etc.

Les charmeurs tiennent les serpents par la queue et permettent à ces reptiles de s'enrouler autour de leurs bras, de leur cou et de leur corps. Ils font encore courir sur eux d'énormes scorpions.

A l'extrémité de la principale rue de Delhi, s'élève le palais impérial, monument considéré comme l'un des plus beaux de l'Asie sous le rapport architectural. Ce palais, ses jardins et ses dépendances, occupent une étendue de près d'une lieue. Le tout est enclos de murs de vingt mètres d'élévation.

Une succession de magnifiques portails conduit de la grande entrée à une salle de marbre blanc incrusté de pierres précieuses. Le plafond en voûte de cette salle est couvert de mica parsemé de petites étoiles. Malheureusement tous ces chefs-d'œuvre de l'art sont aujourd'hui dans un état complet de dégradation. C'est dans cette salle que l'empereur avait coutume de se montrer au peuple.

Les plus belles parties du palais impérial sont la salle d'audience et la mosquée.

Le salon est construit au centre d'une vaste cour. C'est un bâtiment d'une élégante architecture, ouvert des quatre côtés, et dont le toit est soutenu par trente colonnes. Le Mogol actuel a détruit toute la beauté de ce monument par des murs inutiles. Il l'a de plus divisé en deux parties.

Il existe dans ce salon un trésor d'une inestimable valeur, le plus grand cristal du monde. C'est un bloc de quatre pieds environ de longueur et d'un pied d'épaisseur, il est très-transparent. Les empereurs hindous s'en servaient autrefois comme de trône ou de siége. Il est maintenant caché derrière un mur.

La mosquée est fort petite, mais entièrement de marbre blanc et ornée de colonnes couvertes de magnifiques sculptures.

Les jardins du palais, autrefois les plus beaux de toute l'Asie peut-être, sont aujourd'hui dans un état d'entière désolation.

On y voit pourtant des orangers plus que séculaires, qui se couvrent encore de fleurs et de fruits, des kiosques élégants qui tombent en ruine, des bassins à demi comblés de décombres, de fines mosaïques cachées sous des immondices, des treillis de marbre fins comme de la dentelle, et des colonnettes aériennes brisées et gisant en morceaux sur le sol.

Nous parcourûmes ces jardins en tous sens et les visitâmes, ainsi que le palais, dans tous leurs détails, y pouvant entrer à toute heure, grâce à la bienveillante intercession de notre hôte. Aussi parla-t-on de nous dans le cercle des princes, et le Mogol voulut-il se donner le plaisir de voir des voyageurs européens. Il annonça que, dès le lendemain, il tiendrait un *durbar* pour notre présentation.

Le lendemain, nous fîmes grande toilette et garnîmes nos pieds de pantoufles indiennes par-dessus nos souliers européens. Le résident nous conduisit au palais en grande pompe. Un fort détachement de cavalerie et d'infanterie nous accompagnait, ainsi qu'une foule de serviteurs et d'huissiers. Le cortége était suivi d'une vingtaine d'éléphants richement caparaçonnés. Nous fûmes portés en palanquins jusque dans la première cour, où la garnison battit aux champs à notre approche. Nous y fûmes reçus par le premier ministre et les omras des anciens jours, misérables vieillards portant tous une haute canne à tête d'or. Ils nous conduisirent sous un magnifique portique, celui du salon d'audience, où, tirant tout à coup un grand rideau, ils se mirent à crier de toutes leurs forces : « Voici l'ornement du monde, l'asile des nations, le roi des rois ! l'empereur Mohammed-Akbar-Bahadour-Shah, toujours juste, fortuné et victorieux ! » Nous inclinâmes par trois fois la tête en approchant la main droite du front, nous quittâmes nos pantoufles, gardant nos souliers européens, tandis que la foule des indigènes qui nous escortaient marchait nu-pieds ou en bas de soie, et nous nous approchâmes d'une estrade de marbre surmontée d'un dais de même nature, où, sur une pile de coussins, « siégeait une vieille, noire et lamentable figure ravagée par les ans et l'opium. » C'était le Grand Mogol. On lui cria nos noms pendant que nous nous inclinions encore trois fois et que mon oncle présentait à Sa Majesté un nuzzer de trois roupies d'or sur un mouchoir de batiste. L'empereur, d'une voix si faible, qu'on l'entendait à peine, fit quelques questions à notre parent sur sa santé, sur la France, et la distance qui sépare les Indes de l'Angleterre. Mon oncle répondit en peu de mots et en accomplissant force salams.

Alors le premier ministre, après avoir dit quelques mots au Mogol, annonça à mon oncle que Sa Majesté lui accordait un *Khélat*, ou vêtement d'homme. On emmena aussitôt notre respectable parent dans une salle voisine. Il en revint bientôt, mais dans un si grotesque accoutrement, que nous eûmes grand'peine à réprimer un éclat de rire.

Il portait une grande robe de chambre de drap d'or et d'argent, dont on fait en France les ornements ecclésiastiques, une veste étroite en drap d'argent, une étole ou écharpe de même étoffe sur les épaules, et une interminable bande de mousseline brodée d'argent entortillée autour de son chapeau, en guise de turban.

On l'accueillit par des acclamations, auxquelles il répondit par force salams, et on le ramena, les Hindous toujours criant et lui toujours saluant, jusqu'au pied du trône, où il remercia Sa Majesté de l'honneur qu'elle lui avait fait, par un nouveau don de pièces d'or.

Mais ce n'est point tout.

L'empereur se fit apporter un diadème, l'attacha lui-même au turban improvisé du nouveau dignitaire, lui passa au cou un collier de perles et le ceignit du sabre d'honneur. Après chaque cérémonie, mon oncle glissait dans la main impériale une nouvelle pièce d'or; de quoi le Mogol paraissait tout satisfait.

Enfin un héraut annonça que la présentation était terminée, et nous nous retirâmes dans le même ordre que nous nous étions présentés devant le prince

Au sortir de la salle, un officier arrêta mon oncle pour lui dire que l'héritier du trône n'ayant pu, par suite d'une indisposition, venir à sa présentation, il serait courtois de lui envoyer une pièce d'or ou deux, qu'on s'y attendait. Il fallut délier une fois encore les cordons de la bourse pour Son Altesse, et, quelques minutes après, pour une troupe de pauvres et avides valets.

Le diadème attaché au turban n'était d'aucune valeur; car les pierres en étaient fausses. Il n'y avait de vraiment précieux dans tout l'habillement que les fils d'argent des étoffes. On n'est point encore parvenu à en fabriquer de faux à Delhi.

Si minimes que fussent les dons du Grand Mogol, tout Anglais eût été tenu de les livrer au trésor de la Compagnie. Mon oncle, en sa qualité de Français, put les conserver et les vendre pour une somme insignifiante aux officiers du palais, qui les reprirent pour une autre occasion du même genre.

Les troupes actuelles du Grand Mogol sont composées de jeunes garçons de huit à quatorze ans, commandés par d'autres jeunes gens, ou plutôt par d'autres enfants du même âge, et quelques vieux officiers. Ordinairement l'empereur, qui a environ quatre-vingt-quatre ou quatre-vingt-cinq ans, reste pendant plusieurs heures dans une petite salle de réception, pour voir les manœuvres de ses jeunes guerriers.

Le monarque déchu reçoit du gouvernement anglais une pension annuelle de 3,500,000 fr. Les revenus de ses propriétés s'élèvent à peu près à la moitié de cette somme, et cependant le train du dernier Grand Mogol est loin d'égaler celui du rajah de Bénarès. Il est vrai de dire qu'il a un grand nombre de personnes à soutenir : la famille impériale compte plus de trois cents membres. Si l'on y ajoute cent femmes au moins, deux mille serviteurs, et un plus grand nombre de chevaux, d'éléphants et de chameaux, on comprendra sans peine que les coffres de l'empereur soient souvent vides.

On lui paye sa pension par douzième, le premier de chaque mois. On la lui envoie sous la garde d'un régiment anglais; autrement elle serait saisie par les créanciers impériaux avant d'arriver à Sa Majesté.

On dit que ce prince est ingénieux à augmenter ses revenus: ainsi il confère des dignités et donne des postes honorables moyennant de fortes rétributions, et, chose étonnante! il trouve toujours d'assez grands fous pour payer de telles absurdités. Des parents mêmes achètent des gouvernements et des commandements pour leurs enfants. Le général actuel des troupes impériales est âgé de dix ans à peine. Un fait encore plus remarquable, c'est que le grand vizir, qui est chargé de l'ordonnance de la maison de l'empereur, loin de recevoir aucun salaire, paie chaque année une somme de 25,000 fr., pour avoir l'honneur de remplir cet office.

Le Grand Mogol fait un journal dans son propre palais. Ce journal est au plus haut point risible et ridicule. Il ne traite ni de la politique ni des événements du jour, mais d'incidents domestiques, de conversations et d'affaires personnelles. Il constate, par exemple, que la femme du sultan A.... devait trois roupies à sa blanchisseuse; que la blanchisseuse est venue demander les trois roupies, que la dame s'est adressée à l'empereur, que l'empereur a renvoyé la princesse à son trésorier, que le trésorier a assuré que, touchant à la fin du mois, il n'avait plus la plus petite somme, et que la blanchisseuse a été remise au mois suivant. Il dit encore que le prince C.... visita à telle heure le prince D.... ou G...., qu'il fut reçu dans tel ou tel salon et resta tel temps, que la conversation roula sur tel sujet, etc., etc.

Parmi les autres palais de Delhi, on peut remarquer celui dans lequel est actuellement établi le collége et l'ancien palais de la bégum (princesse) Sumrou, construit dans le style demi-mogol et demi-italien.

La bégum Sumrou s'est acquis, dans le temps où Delhi était encore sous la domination mogole, un grand renom de politique, d'intelligence et de bravoure. Hindoue de naissance et d'une beauté parfaite, elle avait été achetée dans quelque bazar par le rajah de Sirdhana et était devenue son épouse. Après la mort de ce prince, elle s'était unie en secondes noces à un Allemand, nommé Sombre, et, pour ce mariage, s'était convertie au christianisme. Sombre avait formé un régiment d'indigènes, leur avait enseigné les exercices à l'européenne, et avait offert ce régiment à l'empereur, quand il avait été bien discipliné. L'empereur reconnaissant avait conféré à l'Allemand le titre de prince. Après la mort de Sombre, la bégum avait été nommée au commandement du régiment et avait rempli ce poste avec une intelligence remarquable. Elle est morte depuis peu, à l'âge de quatre-vingts ans.

Des nombreuses mosquées de Delhi, nous en visitâmes seulement deux : la mosquée Roshun-ad-Dawla et la mosquée de la Djema.

La première est construite dans la rue principale. Ses pinacles et ses dômes sont splendidement dorés; mais le souvenir du trait cruel qui s'y rattache la rend plus curieuse encore que tous ses ornements : c'est sur l'une des tours de cette mosquée que le conquérant Nadir s'assit pour assister au supplice de cent mille habitants qu'il fit tailler en pièces, et à l'incendie de la ville.

La mosquée de la Djema est considérée comme un chef-d'œuvre de l'architecture mahométane. Elle s'élève majestueusement sur une haute plate-forme, et ses trois coupoles de marbre blanc dominent toutes les maisons de la ville.

L'intérieur des mosquées est complétement vide. Des sculptures, des lustres et des lampes en sont les seuls ornements.

Nous consacrâmes deux jours à visiter des monuments un peu éloignés de Delhi.

Nous allâmes d'abord à la grande et magnifique mosquée Purano-Kali, au tombeau de l'empereur Humaïone, tombeau commencé du vivant de ce prince et par lui-même, au monument érigé à la mémoire de Nizam-ul-din, mahométan très-vénéré, et à celui du vizir Sofdar-Dehang. Ces trois monuments, construits de marbre blanc et de pierres rouges, sont autant de chefs-d'œuvre d'architecture et de sculpture.

Nous vîmes aussi un grand bassin dont les eaux sont sacrées, sans doute, car aucun pèlerin ne visite Delhi sans y faire ses ablutions. Quelques-uns se précipitent dans les eaux de l'une des trois ou quatre petites cellules qui l'environnent ou des terrasses qui le dominent. Ils y ramassent avec une habileté incroyable les petites pièces de monnaie dont on leur fait offrande en les jetant dans les eaux.

Le second jour, nous nous rendîmes au Kotab-Minar, l'une des plus belles et des plus vastes constructions des Patnas. La partie la plus étonnante de ce monument est la colonne du Géant, polygone aux vingt-sept côtés, à cinq étages ou galeries, et qui mesure cinquante-quatre pieds à sa base. Un escalier de trois cent quatre-vingt-six marches conduit au sommet de cette tour, dont l'origine remonte au XIIIe siècle. Elle est en pierres rouges ; mais c'est en vain que l'on voudrait donner une idée de la beauté de ses sculptures, qui ressemblent à de la dentelle magnifiquement travaillée. Elle est légèrement inclinée : on ne sait si c'est avec intention de l'architecte, comme la fameuse tour de Bologne, ou si c'est par accident.

Nous montâmes sur le sommet de cette tour, et, de ce poste élevé, nous vîmes tout le cours de la Djemna, le nouveau Delhi aux brillantes et nombreuses coupoles, le vieux Delhi avec ses mille ruines de temples, de mosquées et de palais.

XIII.

Nous quittâmes Delhi pour Agrah. Mon oncle ne connaissait personne dans cette dernière ville; mais notre hôte nous donna une lettre de recommandation pour un de ses amis. Le résident nous conseilla de descendre la Djemna, nous faisant observer avec raison que les lieux les plus importants se groupent d'ordinaire sur les rives des fleuves. Nous nous embarquâmes donc.

La population est très-agglomérée sur les bords de la Djemna, et un grand nombre de voyageurs les suivent, les uns sur des chameaux, les autres sur des bailis, voitures nationales consistant en une petite banquette entourée de rideaux, élevée très-haut sur l'essieu d'un char et traînée par des bœufs.

Nous nous arrêtâmes à Muttrah, la Mathura des poëtes sanscrits, ville très-sacrée et très-ancienne. « Elle fourmille de perroquets, de coqs, de poules, de taureaux et de singes, vaguant, piaulant, criant, pillant en toute liberté. » Les habitants supportent par respect ces incommodes animaux et les vengent cruellement de qui ose les insulter. Peu de jours auparavant, des officiers européens, ayant tiré sur un singe, avaient été à demi lapidés par le peuple et précipités dans la Djemna. Il faut dire aussi que la vieille Mathura est par excellence le pays des singes; elle les vénère mille fois plus que tous les autres animaux qui abondent dans ses murs, et en possède de toutes les espèces et de tous les genres.

Mais Muttrah a des souvenirs qui l'honorent plus que son

respect pour ces créatures fétiches : ce sont ceux de Krichna et de Savitri.

Krichna, chef heureux et entreprenant de hordes guerrières, déifié par les brahmanes et adoré exclusivement encore aujourd'hui dans les deux tiers du Bengale, vit le jour à Muttrah. Impossible de dire le nombre de pèlerins que cette circonstance attire annuellement dans cette grande cité. Les Hindous croient que c'est renouveler les forces de son esprit et de son corps que de visiter tous les lieux sanctifiés par les souvenirs de Krichna; aussi en voit-on un grand nombre à Muttrah, nous l'avons dit; dans le district de Wadja, où ce dieu cacha parmi les pasteurs les premiers ans de son existence; à Oujein, où il fut reçu au nombre des guerriers; dans le Goujerat, qu'il colonisa; à Djaggernat, à l'autre extrémité de l'Inde, où nous avions vu vénérer ses restes mortels renfermés dans le corps d'une idole.

Savitri était la fille d'un roi de Muttrah. Elle vivait bien avant Krichna. Qu'on nous permette de donner ici sa touchante et naïve légende, telle que la raconte le *Mahabharata*.

« Savitri, née du sage monarque Acvapati, était belle comme Lakchmi, déesse de la fortune.

« Invitée par son père à se chercher elle-même un époux, elle préféra les vertus aux richesses en choisissant le jeune Satyavan, qui vivait de la vie des ascètes avec son père aveugle, dépossédé du trône de Salva.

« Glorieux comme le soleil qui vivifie tous les êtres, instruit et sage comme un *richi* antique, héroïque comme Indra, patient comme la terre, Satyavan ne devait pas passer de longs jours en ce monde; moins d'un an devait s'écouler entre son mariage et sa mort. La voix d'un sage prophète l'avait appris à Savitri, mais sans changer sa résolution.

« Et elle avait pris pour époux celui qui était le choix de son cœur, comptant sur le jeûne et sur les prières pour détourner de lui le coup fatal, ou tout au moins pour mourir avec lui.

« A l'approche du jour funeste prédit par le prophète, Savitri, qui partageait l'existence ascétique de son époux, le suivit dans la forêt où il allait cueillir des fruits et couper du bois.

« Quand ils eurent pénétré sous les voûtes épaisses des bois et sous les vertes feuillées en fleurs, qu'animaient le vol et le chant des oiseaux, le murmure des eaux et la chute des cascades :

« — Regarde, dit Satyavan à Savitri avec une douce voix.

« Mais elle, regardant son époux et ne pouvant le quitter du regard, le voyait déjà expirant dans son esprit troublé et pressait en silence le pas à ses côtés; pâle et tremblante, elle simulait l'espérance et cachait son cœur brisé sous un sourire d'amour.

« Arrivé au milieu de la forêt, asile des bêtes fauves, le vaillant Satyavan commença par cueillir des fruits et des plantes aux fleurs odorantes; puis il prit la hache pour couper du bois. Mais bientôt, sentant sa tête s'alourdir et la sueur courir sur tout son corps avec de longs frissons, il dit, faible et souffrant, à Savitri, ses délices:

« — La fatigue m'accable, ô mon amour! mes membres souffrent, mon cœur brûle, les forces me manquent; je vais essayer près de toi d'un sommeil réparateur.

« Alors, assise sur le sol, elle le reçut tout défaillant dans ses bras, lui donnant pour appui sa poitrine fidèle, soutenant d'une main tremblante le front bien-aimé, songeant aux signes funestes, au temps fatal accompli, et cachant son cœur brisé sous un sourire d'amour.

« Au même moment, elle vit apparaître un être à l'aspect redoutable, aux vêtements rouges, aux cheveux crépus, aux traits noirs et resplendissants comme le soleil; debout devant Satyavan, il le contemplait d'un regard avide; c'était Yama, le dieu des mânes, qui venait lui-même chercher l'âme du pieux et vertueux jeune homme, que n'aurait pas assez honoré la venue des messagers ordinaires de la mort.

« Yama, ayant retiré du corps de Satyavan un corpuscule subtil d'un pouce de hauteur, l'entoura d'inextricables liens, et prit avec sa proie le chemin des régions méridionales, laissant le cadavre de Satyavan sans respiration, sans regards, sans chaleur, sans mouvement et sans vie, objet de pitié et de larmes.

« Et Savitri, la belle jeune femme, naguère si heureuse, qui, toujours dévouée à son époux, avait supporté pour lui les privations et les austérités les plus rigoureuses, suivit Yama d'un pas ferme.

« Mais Yama l'arrêtant :

« — Retourne, Savitri, ce n'est point ici ton chemin! va accomplir le sacrifice dû à ceux dont l'esprit vital s'est élevé dans les régions supérieures. Tout ce que tu pouvais faire pour ton époux, tu l'as fait; tu l'as suivi aussi loin que tu pouvais le suivre.

« — Là où va mon époux, de son plein gré ou de force, répondit Savitri, là aussi je dois aller. C'est mon devoir éternel; je t'en conjure, par les austérités de la pénitence, par la soumission, par le respect gardé aux maîtres spirituels, par l'amour qui me lie à mon époux et mon dévouement pour lui, ne me défends pas de le suivre.

« Yama, ému, veut faire quelque chose pour la douce jeune femme; il lui accorde la réalisation immédiate de quatre souhaits à son choix, la vie de Satyavan exceptée. Elle obtient ainsi que le père de son bien-aimé recouvre la vue et qu'il remonte sur le trône de Salva; qu'Açvapati, encore sans héritiers, soit assurée d'une longue lignée; que d'elle-même naissent bientôt des fils forts et vaillants.

« — Toutes ces choses sont ou seront, dit Yama; mais retourne sur tes pas, fille de roi; car il te reste encore un long chemin à faire.

« Mais Savitri supplie encore, et avec tant d'amour et de charme, que le dieu s'écrie :

« — Plus tu parles, plus ton âme m'apparaît douée de vertus et de grâces! ô femme pleine de sagesse, de séductions et de majesté, tu as vaincu Yama, il te donne le choix d'une faveur incomparable.

« — Puisque celle-ci est sans restriction, s'écrie Savitri, que mon Satyavan vive! Voilà mon vœu suprême. Sans mon époux, je suis comme privée de la vie; je ne recherche aucune joie sans mon époux; je ne désire pas même le ciel sans lui, et sans lui la vie ne m'est rien. Que mon Satyavan vive! Ainsi se vérifiera la promesse de m'accorder des fils sages et vaillants.

« — Qu'il en soit ainsi! répondit Yama, en délivrant l'esprit captif de Satyavan; je te rends ton époux, ô femme, honneur et joie de deux familles! je te le rends tout entier, jeune, fort et heureux: il parviendra avec toi aux dernières limites des ans; il remplira le monde du bruit de sa gloire, et ces années séculaires que je vous accorde à tous deux seront nommées de ton nom, car c'est à toi qu'il les doit.

« Il dit, le roi de la justice, et, le cœur plein de joie, il se rendit à son palais, dans les régions du Midi.

« Savitri, de son côté, retourna en toute hâte au lieu où était resté gisant le corps inanimé de Satyavan. Elle reprit auprès de lui sa position première, assise à ses côtés, lui soutenant le buste dans ses bras et la tête sur son sein, jusqu'au moment où, l'esprit vital étant rentré en lui, il revint à la connaissance et à l'amour.

« Et Savitri, ayant suspendu à un rameau d'arbre sa corbeille chargée de fruits et de fleurs, prit la hache de son époux et le suivit, brillante de bonheur; et la belle jeune femme, posant sur son épaule gauche le bras gauche de son mari et l'enlaçant de son bras droit, marchait sous la voûte des bois dans une ravissante attitude.

« Ainsi, auprès de leurs parents qui les attendaient, heureux et pleins de joie, en possession désormais de tous les biens de la santé, de la puissance et de la fortune, revinrent Satyavan et Savitri, formant sur le chemin un groupe charmant que les dévas se plaisaient à contempler et à bénir. »

Les faubourgs d'Agrah ressemblent en pauvreté aux plus chétifs villages de l'Inde : misérables huttes entassées les unes sur les autres, hauts murs de terre et de boue, population sale et dégoûtante. Mais dès qu'on a passé un large square à quatre portes magnifiques conduisant à la ville proprement dite, à la forteresse et aux faubourgs, tout change d'aspect, et Agrah apparaît belle et majestueuse, malgré sa grandeur déchue et sa puissance évanouie.

Peuplée, à son origine, d'un million d'habitants, elle n'en contient plus aujourd'hui que quatre-vingt mille, qui, pour la plupart artisans ou petits marchands, végètent obscurément à l'ombre des tombeaux de leurs plus grands princes. Remplie par Akbar et Chah-Djihan de monuments magnifiques, elle n'offre presque plus que des ruines.

En visitant Agrah, on se sent saisi de tristesse et d'admiration. Ici, des ruines imposantes; là, des terrasses, des minarets, des jardins; le Tadje, la blanche sépulture de Chah-Djihan, qui élève vers le ciel son orgueilleuse coupole; le tombeau du fondateur d'Agrah, qui se cache à demi dans de majestueux massifs de manguiers et de tamarins séculaires; le vieux palais d'Akbar; la rivière de la Djemna, qui baigne la ville à l'est, promenant ses eaux pures et limpides sur un sol de briques pilées, sablonneux, stérile ou couvert d'épaisses touffes de gazon.

La contrée qui environne Agrah est triste, aride, sauvage, coupée çà et là de ravins pierreux et de collines de briques décomposées.

La première visite de tout Européen qui arrive à Agrah est toujours pour le Tadje.

Le Tadje est peut-être le plus beau monument du monde.

Les voyageurs le placent bien au-dessus de Saint-Pierre de Rome. Seule la fameuse cathédrale de Cologne lui saurait être comparée. A Agrah comme à Cologne, on a perdu le nom de l'architecte habile qui a fait un tel chef-d'œuvre.

Le Tadje-Mahal porte cette inscription : *A Ranou Néour Bégum, l'ornement du palais.*

Ranou, pressentant sa fin prochaine, appela son époux, l'illustre Chah-Djihan, et lui dit : « Avant de quitter la vie, j'ai deux demandes à te faire : promets-moi de ne pas te remarier et de me bâtir un tombeau qui rende mon nom immortel. »

Ranou mourut. L'époux inconsolable et fidèle lui éleva sur les rives de la Djemna ce mausolée sans pareil, qui coûta à vingt mille hommes vingt-deux ans de travaux. Les sommes dépensées dépassèrent 24 millions de francs.

Voici ce que le prince Soltikoff dit du Tadje-Mahal : « Ce mausolée, unique dans le monde par sa beauté, d'un style mauresque pur et très-orné, est tout en marbre d'une blancheur éblouissante ; à l'extérieur, merveilleusement sculpté, ciselé à jour, et incrusté à l'intérieur de mosaïques de porphyre, d'agathe, de cornaline et de lapis-lazuli d'un fini et d'une perfection extrêmes. Ses dômes gracieux, ses minarets élancés, ses treillages de marbre, fins comme de la dentelle, s'élèvent au milieu d'un vaste jardin où des jets d'eau jaillissent dans des avenues de cyprès et sous des massifs d'orangers. »

Ajoutons quelques détails à cette description générale ; car, nous aussi, nous avons vu Agrah avec ses ruines imposantes et les quelques monuments dont elle s'enorgueillit encore ; nous aussi, nous avons senti cette tristesse qui vient assaillir le cœur de l'homme en face de la splendeur déchue, de la grandeur évanouie, des ravages du temps et du vandalisme des conquérants.

Nous savions par le récit d'un grand nombre de voyageurs que le Tadje-Mahal produit des effets magiques, quand il est inondé des rayons doux et pâles de la lune. Nous voulûmes juger par nous-mêmes de la vérité de cette assertion, et, après avoir pris quelques heures de repos, nous nous rendîmes au célèbre monument. Mais c'est en vain que nous essayerions de vous peindre les émotions diverses qui assiégèrent nos cœurs : alors cette vague tristesse que nous avons dite se réveilla plus puissante ; alors notre admiration fut plus enthousiaste ; nous restâmes plus d'une heure debout, muets, immobiles, sous la sombre allée de cyprès, les yeux attachés sur cet édifice si majestueux, qu'il ne semble point l'ouvrage de l'homme, mais de quelque génie, l'âme abîmée dans ces sentiments de poétique dévotion qui la saisissent quand nous errons, seul avec nous-même, sous les voûtes sombres de nos vieilles cathédrales.

Nous fûmes tirés de notre rêverie et de notre admiration par les exclamations d'une dame, qui s'indignait contre les récits enthousiastes de ceux qui ont célébré le Tadje aux rayons de la lune; elle s'indignait aussi contre nous et assurait que ces rayons, en tombant sur le blanc mat du dôme et des minarets qui s'élèvent aux quatre côtés de l'édifice, faisaient croire comme à une couche de neige répandue sur le monument. Une longue discussion s'éleva entre elle et nous. Elle soutint, et avec raison, que la disposition d'esprit où nous nous trouvons mesure souvent le degré d'admiration que nous accordons à ce qui s'offre à nos yeux; que pour elle, calme, impartiale, sévère, le Tadje perdait de sa sublime splendeur à la lueur de cette clarté qui n'est ni le jour ni la nuit, tandis qu'il grandissait devant nous en majesté et en magnificence, à cause de l'enthousiasme qui remplissait nos cœurs.

Le lendemain, dès le matin, nous revînmes devant ce superbe monument et nous répétâmes que, vu au jour ou pendant la nuit, on ne saurait lui comparer nul autre édifice du monde.

Le Tadje-Mahal s'élève au centre d'un jardin magnifique, sur une terrasse de pierre rouge de douze pieds de haut. C'est une mosquée de forme octogonale, entièrement construite de marbre blanc et consistant en un dôme majestueux qui repose sur une superbe arcade, et dont le sommet est à deux cent soixante pieds du sol. Autour de ce dôme principal se groupent quatre autres petits dômes qui ne le cèdent au premier ni en beauté ni en blancheur. Aux coins de la terrasse, quatre beaux minarets, également en marbre blanc, s'élancent dans les airs à la même hauteur que le grand dôme. Des inscriptions en marbre noir et, pour la plupart, tirées du Coran, se lisent de toutes parts sur l'édifice.

Sous la voûte principale s'élèvent deux sarcophages; l'un, un peu plus haut, contient les restes du sultan Chah-Djihan; l'autre, ceux de Ranou. Un treillis de marbre si finement et si artistement travaillé, qu'on le dirait en ivoire, entoure les monuments funèbres. Ces deux tombeaux, les colonnes qui les décorent, et la partie inférieure des murs de l'appartement, sont en outre ornés de fleurs taillées en bas-reliefs dans le marbre blanc et couverts des pierres les plus précieuses. On nous y fit remarquer la pierre d'or plus belle et plus coûteuse que le lapis-lazuli.

Deux magnifiques portails donnent entrée au jardin où sont construits le Tadje-Mahal et les deux mosquées qui s'élèvent à côté du monument funèbre. Ces portails et les mosquées, de pierre rouge et de marbre blanc, seraient regardés comme des chefs-d'œuvre de l'art en tout autre endroit de l'Inde ou d'Agrah, mais la magnificence du tombeau de Ranou éclipse toute autre magnificence.

Après avoir vu ce monument dans tous ses détails, nous avons dit, comme maints voyageurs : « Le Tadje-Mahal est trop sacré, trop pur, trop parfait pour être l'ouvrage de la main des hommes ; des anges l'ont, sans doute, apporté du ciel. »

On dit que Chah-Djihan avait l'intention de construire un autre Tadje-Mahal de l'autre côté de la Djemna, et de réunir ces deux monuments par un pont magnifique. Les événements ou la mort peut-être ne lui auront pas laissé le temps de mettre ce projet à exécution.

Après le Tadje-Mahal, le plus beau monument funèbre de l'Inde est, sans contredit, le Secundrah, la tombe d'Akbar. Il s'élève à une petite lieue d'Agrah, dans un square planté d'arbres verts et enclos de murs. Quatre tours octogonales, surmontées de pavillons ouverts, décorent les quatre angles du jardin; quatre portiques magnifiques de pierres rouges et diamétralement opposés, semblent donner entrée à ce jardin. Un seul s'ouvre et est orné de sculptures qui en font un chef-d'œuvre de l'art.

Le monument consiste en une pyramide magnifique composée de trois hautes terrasses quadrangulaires de pierres rouges et d'une quatrième de marbre blanc. Cette pyramide est surmontée de treillis de marbre. Le tombeau d'Akbar s'élève au sommet de l'édifice sans autre voûte que la voûte même des cieux.

Ce qui fait la plus grande beauté de Secundrah et le rend un édifice à peu près unique dans son genre, ce sont les galeries et les arcades de marbre à jour ornant les quatre côtés de la pyramide. Ce marbre, travaillé d'une manière admirable, n'a pas plus de quelques centimètres d'épaisseur. Chaque pilier et chaque arche des galeries sont surchargés d'arabesques et d'inscriptions taillées en bas-reliefs. Ces galeries, non couvertes, sont pavées de dalles de marbre de différentes couleurs. Sur la pyramide se lisent, en marbre noir, les quatre-vingt-dix-neuf titres décernés au grand Akbar par un peuple reconnaissant.

Le Secundrah et le Tadje-Mahal sont parfaitement bien conservés; on les croirait construits d'hier.

Le fort d'Agrah, très-vaste, très-ancien et bâti de pierres rouges, renferme le palais bâti par Akbar et la Mâti-Mosjed.

Le palais d'Akbar est une réunion de pavillons de marbre aériens unis par de légères colonnades. Les Européens qui entrèrent en conquérants à Agrah en 1803 et qui se casernèrent dans ce palais, en murèrent les arcades et couvrirent d'une ignoble maçonnerie les colonnes de marbre noir et de lazulite d'un goût exquis qui les supportent. Quelques salles, à demi dégradées, existent pourtant encore, et, entre autres, le Shish-Mahal ou le palais de glace, magnifique appartement dont les murs latéraux sont couverts d'un millier de petits miroirs en mica, sur lesquels serpentent en tous sens des guirlandes de fleurs d'argent et çà et là de fleurs d'or, d'émeraude, de topaze et de rubis. Le mica semble être le parterre où croissent ces fleurs si précieuses. Cette salle est grandement endommagée; mais ce qui reste de sa magnifique décoration peut donner une petite idée de sa splendeur, quand, la nuit, mille feux brillaient dans cet appartement vraiment royal en se reflétant de toutes parts à l'infini. Mais ce n'est pas tout : au fond de cette salle existent les débris d'une cascade sous laquelle on disposait des lampes dans les jours d'apparat. Des eaux limpides, transparentes, abondantes, se précipitaient dans un petit bassin de marbre jaillissant au-dessus de ces lampes, dont l'effet était alors vraiment fantastique.

On nous montra aussi le balcon de marbre d'où le grand-vizir rendait la justice ou l'injustice, selon sa faculté, et passait la revue de ses troupes. De ce balcon on domine toute la ville et toute la vallée de la Djemna. C'est un de ces spectacles si magnifiques, que rien n'en saurait donner une idée.

Nous ne parlerons pas des corridors secrets du palais, des chambres d'hiver et d'été destinées aux dames, du lieu souterrain et sanglant où le souverain faisait pendre celles de ses femmes qui avaient encouru sa disgrâce; mais nous visiterons avec nos jeunes lecteurs l'un des plus gracieux monuments d'Agrah, renfermé aussi dans l'enceinte du fort, la Mâti-Mosjed, la perle des mosquées.

Or, la perle des mosquées mérite bien son joli nom. Laissons parler l'illustre Jacquemont.

« Sa beauté surprend d'autant plus que rien d'avance n'y prépare. Son enceinte extérieure ne montre que ce grès rouge et triste dont le fort entier est bâti; mais, dès qu'on a franchi la porte d'entrée, on se trouve isolé du monde entier, dans un petit monde de marbre blanc. C'est une grande cour carrée avec un bassin au milieu pour les ablutions, une galerie en arcade sur trois des côtés, et, sur celui qui fait face à l'entrée, une sorte de vestibule immense élevé de quelques degrés au-dessus de la cour, et dont le toit est porté par une forêt de colonnes. Au-dessus de sa terrasse s'élève un grand dôme renflé, flanqué de deux autres semblables, mais plus petits, selon l'usage. Point de minarets; peu de ces petits kiosques faits pour les nains, qui surchargent les terrasses des édifices de ce genre; peu de moulures sur les marbres : leurs panneaux sont seulement encadrés d'un mince filet noir qui paraît comme l'ombre d'une moulure. Du monde extérieur on ne voit rien que la tête touffue d'un bel arbre que le hasard a placé en face de la porte, à quelque distance. De son tumulte, de ses agitations, on ne voit que le mouvement léger du feuillage de cet arbre, où jouent ensemble la brise et le soleil. C'est une scène de paix, de sérénité douce, dont la coquetterie éclatante ou aimable des autres édifices d'Agrah ne m'avait pas donné l'idée; on peut être ébloui par eux, mais on aime la perle des mosquées. »

La principale rue d'Agrah, appelée Sauder, est large et bien pavée. Les maisons, pour la plupart de pierres rouges, sont ornées de piliers et de colonnes. Aux deux extrémités de cette rue s'élèvent deux beaux portails couverts de sculptures. Les autres rues de la ville sont laides, sales et étroites. A Agrah, comme dans toute l'Inde, du reste, tout le luxe est réservé pour l'intérieur des habitations.

Agrah possède un établissement dirigé par des missionnaires catholiques, et où sont recueillis les pauvres enfants abandonnés. Pendant que nous visitions cet établissement, une pauvre vieille femme amena une charmante petite fille, qu'elle vendit pour la somme de 5 fr.

Les environs d'Agrah sont remplis de ruines magnifiques. Nous allâmes visiter celles de Faltipour-Sikri, à six lieues environ de la ville. Nous nous y rendîmes à cheval en traversant des plaines étendues et désertes. Nous rencontrâmes un troupeau d'antilopes.

L'antilope est une sorte de daim, mais plus petite, plus délicate, plus gracieuse, et portant des raies rouge-brun sur le dos. Elles s'enfuirent toutes devant nous avec timidité.

Nous vîmes aussi des paons sauvages.

Les paons, beaucoup plus grands et beaucoup plus beaux que ceux que nous voyons en Europe, sont regardés ici comme aussi sacrés que la vache. Malheur à l'Européen qui porte une main sacrilége sur ces oiseaux vénérés, qui vivent en paix non-seulement au fond des solitudes des forêts et des plaines, mais jusque dans les villages et les villes! On nous raconta que, quelque temps auparavant, deux soldats avaient été massacrés par le peuple d'Agrah, parce qu'ils en avaient tué quelques-uns.

Les ruines de Faltipour s'étendent sur un espace de plus de six lieues de circonférence. On s'étonne d'une telle destruction quand on songe qu'il y a deux cent cinquante ans à peine, cette ville était l'une des plus belles, des plus peuplées et des plus florissantes de l'Inde. On se demande quelle cause a ainsi anéanti cette cité célèbre. Nous pûmes admirer les restes magnifiques des trois portes de la ville et du portail d'une superbe mosquée, portail qu'on disait être le plus grand et le plus beau du monde. La hauteur de ce portail était de cent quarante pieds; l'arche d'entrée en mesurait soixante-douze. La cour de cette mosquée, dont les Hindous ont gardé souvenir, était immense et entourée de murailles dont les sculptures étaient des chefs-d'œuvre. C'était dans cette cour que le sultan Akbar, le Juste, faisait habituellement ses dévotions. Notre guide nous montra la place ordinaire du prince, place où gisaient encore sur le sol les débris d'un autel de marbre blanc. Il nous fit voir aussi un fragment de colonne, colonne au pied de laquelle Akbar, comme saint Louis, rendait la justice aux plus pauvres de ses sujets. Une autre tour mieux conservée est celle dite de l'Éléphant. Elle est, assure-t-on, construite de toutes les dents des éléphants pris par Akbar à la guerre ou à la chasse. Elle est réellement de pierre magnifiquement sculptée et ornée de ces défenses d'éléphants dont nous parlions. On nous raconta que, de la colonne de justice, le célèbre sultan montait au sommet de cette tour, d'où il s'amusait à tuer des oiseaux.

XIV.

Nous avions quatre moyens de transport d'Agrah à Kotah : des chevaux, des palanquins, des chameaux, et des bailis traînés par des bœufs. Nous choisîmes le dernier. Nous passâmes un contrat écrit en hindoustan avec notre conducteur, contrat dans lequel nous stipulâmes et les détours que nous voulions faire et le temps des relais; puis, nous lui payâmes la moitié du prix convenu et nous partîmes, suivis d'un tchouprassi, que nous donna notre hôte pour nous accompagner jusqu'à Kotah.

Les tchouprassis sont des serviteurs du gouvernement anglais. Ils sont vêtus d'un habit rouge et portent sur l'épaule une large plaque où est gravé le nom de la ville à laquelle ils appartiennent. Les hauts fonctionnaires anglais ont toujours un ou plusieurs de ces gens à leur service; on les considère comme très-supérieurs en fidélité et en dévouement aux domestiques ordinaires.

Dès le lendemain, nous atteignîmes Barratpour, où le sol crevassé en cent endroits nous fit croire à quelque tremblement de terre, à une époque reculée. Nous passâmes la nuit dans un caravansérail.

Les caravansérails de ces lieux retirés sont loin d'être beaux et magnifiques comme ceux que nous avions remarqués dans les grandes villes. Ce sont de misérables mais énormes huttes bâties de boue et divisées en un grand nombre de petites cellules, avec une ouverture sans porte.

Nous vîmes avec plaisir du moins que les cellules étaient d'une propreté extrême. Malgré l'exiguïté du logement, nous nous étendîmes tous trois, chacun dans notre couverture, sur le plancher de la même cellule. Notre tchouprassi se coucha devant notre porte. Il dormit bientôt, et si bien, qu'il n'entendit ni ne vit un énorme chien contre lequel nous dûmes soutenir un grand combat pour défendre quelques petites provisions que nous portions avec nous et dont l'odeur l'avait attiré sans doute.

Le lendemain, dès le grand matin, nous remontâmes sur notre véhicule. Quelques hommes armés voulurent s'opposer à notre départ, arrêtèrent les bœufs et se prirent de querelle avec le conducteur et le tchouprassi. Ces hommes prétendaient qu'ils avaient veillé sur nous pendant la nuit et qu'une certaine somme leur était due. Il s'agissait de quelques sous, que nous nous empressâmes de leur donner, en riant de bon cœur au souvenir de notre combat nocturne, preuve singulière de la vigilance de nos gardiens.

Les jours qui suivirent, nous rencontrâmes de belles plantations de coton et de pavots.

Ces pavots, loin d'atteindre trente ou quarante pieds, comme l'affirment certains voyageurs, et de produire des fleurs grosses comme des têtes d'enfants, ne s'élèvent pas plus que les tiges de nos œillets du nord de la France et portent des fleurs de la grosseur de nos œufs de poule. Les feuilles des pavots de l'Inde sont brillantes, et les fleurs toujours simples, mais de couleurs très-variées. L'extraction de l'opium se fait d'une manière extrêmement simple. Quand les têtes de pavots, après la chute de leurs pétales, ont acquis la grosseur qu'elles doivent atteindre, on pratique sur chacune, avec la pointe d'un couteau, neuf incisions longitudinales rapprochées trois par trois. Un suc laiteux et rougeâtre, d'une saveur âcre et caustique, en découle par petites gouttelettes : c'est l'opium. Chaque matin, les paysans viennent l'enlever à l'aide d'une serpette dont la concavité s'adapte à la convexité des têtes de pavots. Lorsque la graine mûrie a été récoltée à son tour, les têtes brisées et desséchées de la plante sont encore un article de commerce. Les pauvres Radjepoutes en boivent une forte décoction en guise d'opium, trop cher pour eux.

De loin en loin, dans ces contrées à demi désertes, on rencontre, à l'ombre des manguiers et des tamarins séculaires, des fontaines jaillissantes et des puits creusés par quelques pieux Hindous pour le rafraîchissement des voyageurs, dans la naïve croyance que travailler pour le bien public, c'est gagner sûrement le paradis. Ordinairement, un indigène est préposé à la garde de ces puits et de ces fontaines pour le service des voyageurs. Le plaisir que l'on éprouve à trouver un peu d'eau pour étancher la soif qui dévore au sein de ces plaines arides et de ces vallées inondées de soleil, est, il est vrai, bien amoindri par la pensée que, dans le même réservoir, le peuple vient journellement se laver et se baigner.

Quelques jours après notre départ d'Agrah, nous arrivâmes à Jeïpour.

Jeïpour, la plus grande et la plus belle cité de tout le Rajahstan, s'élève au sein d'une nature désolée. Le sable du grand désert de Marwar, soulevé et poussé par les vents, s'avance toujours vers cette ville, et, parvenu, à l'ouest, à la hauteur des créneaux, la menace d'une ruine prochaine. Cependant elle a une apparence de prospérité que n'offre peut-être aucune autre ville d'Asie : pas de masures, pas de ruines, pas de décombres; des rues larges et bien alignées; des maisons en pierres granitiques, couvertes d'un stuc d'une blancheur éclatante; des monuments de marbre blanc.

Selon Jacquemont, les temples et les jardins des brahmanes couvrent les deux tiers de la ville. Les palais du rajah en occupent bien un autre tiers. Ces palais sont au nombre de dix; des galeries élégantes et des jardins magnifiques les unissent entre eux.

Non loin de Jeïpour, et en remontant vers le nord, un vallon frais et vert, où se cachent à demi, sous le charmant ombrage des manguiers et des bananiers, une foule de palais et de temples, conduit à une chaîne de montagnes rocheuses et dénudées; puis une gorge âpre et sauvage s'ouvre devant le voyageur. Un lac immense en occupe le fond, lac sur les bords duquel se dressent les vieux palais d'Amber.

Amber était l'ancienne métropole qu'a remplacée Jeïpour. Aujourd'hui les palais d'Amber ont tout le charme mélancolique de ruines, sans l'être positivement encore. Les maharajahs de Jeïpour les entretiennent à grands frais et habitent de temps à autre ce lieu, le plus pittoresque que nous ayons peut-être jamais vu.

Nous trouvâmes à Amber le maharajah actuel de Jeïpour.

Il nous donna audience et nous reçut dans un riche costume et assis sur un trône magnifique. C'est un adolescent d'épaisse et lourde apparence. Après s'être informé de notre santé, de la France, du temps qu'il fallait pour s'y rendre de Jeïpour, il nous fit interroger par son maître d'anglais sur quelques mots de cette langue, qu'il apprend par complaisance pour le résident; puis il se leva du trône, nous conduisit vers un tir, où, prenant un arc et des flèches, il se mit en devoir de nous montrer son habileté comme archer. Il nous mena ensuite sous une véranda, donnant sur une cour assez vaste, et où des siéges de velours étaient disposés. Là, on fit passer successivement sous nos yeux une petite voiture indienne attelée de quatre gazelles, un rhinocéros en liberté, que deux individus armés de deux bâtons dirigeaient à droite ou à gauche comme si c'eût été un buffle; puis un petit cheval, sur lequel le maharajah déploya ses talents équestres dans un petit temps de galop; ensuite, mettant pied à terre, il releva avec soin la manche de son bras droit, prit un sabre proportionné à sa taille, et, se jetant bravement sur plusieurs lions, tigres, ours, hippopotames et autres bêtes féroces qui peuplaient cette cour, il leur trancha successivement la tête avec une admirable prestesse. A chaque tête qui tombait, des flots de sang jaillissaient du cou de la victime, et l'aimable prince répondait par un triomphant sourire aux applaudissements de la tourbe de valets qui suivaient ses pas. Mais ce sang n'était que de l'eau colorée, et les animaux, assez bien exécutés de main d'homme, étaient d'une substance molle et peinte à la détrempe.

« Tels étaient les jeux, telle était l'éducation du descendant du grand Jeï-Sing : il ne donnera jamais d'ombrage aux maîtres actuels de l'Inde. Inutile d'ajouter que les Etats de ce jeune crétin sont fort mal administrés; que leur revenu, malgré la lourdeur croissante des impôts, est tombé de 30 millions à moins de 8; que les armées des *belliqueux Radjpoutes* (issus de rois), avec lesquelles ses ancêtres faisaient ou défaisaient les rois de Delhi, sont réduites à quelques milliers d'hommes en guenilles, et dont la solde de 12 fr. 50 par mois est toujours arriérée, et qu'enfin il n'y a à Jeïpour qu'une chose qui se paye régulièrement : le tribut annuel de 1,800,000 fr. que perçoit la Compagnie. »

Nos jeunes lecteurs ont-ils bien compris que la Compagnie, en assujettissant l'Inde, a laissé sur leur trône un grand nombre des princes qui se la partageaient? Ce sont des fantômes de rois qui n'ont que l'ombre de pouvoir et qui remplissent un vain rôle de représentation.

Plus loin que Jeïpour, nous traversâmes des vallées étroites entre des montagnes basses et rocheuses, dont chaque pic, chaque roc porte de petits kiosques élevés en mémoire des suttys.

Le sutty, c'était le sacrifice de la veuve, sacrifice auquel elle n'était point forcée, sans doute, mais qu'elle devait accomplir, si elle voulait échapper à la honte, au mépris et à l'insulte.

Au jour fatal, les parents et les amis s'assemblaient en grand nombre. La veuve, magnifiquement parée, était conduite, au son de la musique, jusqu'au bûcher où était déposé le cadavre de son époux, tout enveloppé de mousseline blanche. Au moment où elle se jetait sur le corps et où les flammes s'élançaient de toutes parts, les brahmanes entonnaient les chants sacrés, la foule poussait de grands cris, les instruments de musique redoublaient de fanfares, et tout cela pour étouffer les gémissements de la malheureuse. Quand les os étaient consumés, on les recueillait dans une urne et on les enterrait sous une petite éminence.

Les Anglais ont défendu ces horribles sacrifices, qui ne devaient, du reste, être accomplis que par les femmes des castes élevées.

Chemin faisant, notre tchouprassi nous raconta, au sujet des suttys, ce fait, qui nous intéressa vivement :

« Près de la ville d'Estavah, vivaient, il y a peu d'années, deux frères de haute caste, mais d'une fortune médiocre. Ils habitaient en commun une petite propriété, débris de grands biens patrimoniaux possédés jadis par leur famille.

« Il y avait un an à peine que le plus jeune des deux frères était marié, quand il prit la résolution d'aller chercher fortune au loin. Buljet-Sing, c'était son nom, partit en confiant sa jeune femme aux soins de son aîné. D'abord il donna régulièrement de ses nouvelles; mais au bout de deux ans sa correspondance cessa entièrement, et un silence absolu se fit sur sa destinée.

« Trois autres années s'écoulèrent ainsi, au bout desquelles des cipayes, rentrant dans leur foyer, déclarèrent qu'il était mort; qu'au passage d'une rivière, ils l'avaient vu périr. L'un d'eux rapportait même les dépouilles du défunt et les remit à sa famille. Depuis le départ de Buljet-Sing, les affaires de son aîné, Hurruk-Sing, avaient été loin de prospérer; aussi, dès qu'il fut certain de la mort de son frère, bien que l'entretien d'une femme sans enfant ne soit pas une lourde charge, il jugea à propos de se débarrasser de sa belle-sœur, et lui déclara qu'il était convenable qu'elle se hâtât d'accomplir le rite sacré du sutty; à défaut du corps de son mari, elle avait son turban, avec lequel elle devait se brûler pour éviter les aventures fâcheuses, ou tout au moins les bruits calomnieux qui ne manquent jamais d'assaillir une jeune veuve.

« Quoique Kouchilie — ainsi se nommait la femme — eût vécu dans la meilleure intelligence avec son mari, et que sa mémoire lui fût chère, néanmoins cinq ans d'absence l'avaient fort résignée à sa perte, et elle n'éprouvait pas le plus léger désir de le suivre si vite en paradis. Mais elle était entre les mains de gens déterminés à accomplir à tout prix leurs desseins.

« Aux premiers mots dits par Hurruk-Sing à ce sujet, la maison fut entourée de brahmanes, et rien ne fut omis pour encourager la victime à supporter son sort avec fermeté. Elle ignorait qu'il y avait dans le voisinage des agents du gouvernement britannique, dont elle n'eût pas en vain réclamé la protection; mais l'eût-elle su, les caresses, les obsessions dont on l'accabla, l'opium dont on la nourrit exclusivement, lui auraient enlevé l'idée et les moyens de recourir à eux. Le bûcher fut dressé, et, dès le coucher du soleil du même jour, elle parut être en état convenable pour subir la fatale cérémonie. La plus vive émotion régnait, comme de raison, dans tout le village, qui depuis longtemps n'avait pas été témoin d'un pareil drame; les dévots étaient dans une joie extatique; les petites filles, en attendant le spectacle, jouaient entre elles au sutty; les brahmanes triomphaient....

« Cependant, à mesure que l'heure du sacrifice approchait, la répugnance de la victime semblait augmenter. Mais hors d'état de se défendre, elle fut plutôt traînée que conduite au lieu du supplice. C'était, selon l'usage, au bord d'une rivière, la Djemna, et un bac se trouvait directement en face du bûcher. Celui-ci était en bois de choix, bien construit et amplement garni de matières combustibles; les effets du défunt, dont héritait Hurruk-Sing, étant d'une valeur assez considérable, on s'était décidé à donner à la cérémonie une certaine pompe.

« Kouchilie, en silence, fit trois fois le tour du bûcher, abandonnant l'un après l'autre ses bijoux à ses parents, et les fleurs de ses guirlandes aux spectateurs, qui se les disputaient; puis, saisie tout à coup par quatre brahmanes, elle fut placée de force sur le bûcher. Déjà les torches étaient allumées, déjà elles promenaient la flamme sur la première assise du foyer, quand tout à coup la victime, jetant un cri perçant, se dressa de toute sa hauteur, et, tendant les bras du côté de la rivière, dit d'une voix éclatante : « Mon mari! mon mari! il n'est pas « mort! le voici! il vient me sauver! ».

« A l'instant même, un cavalier richement monté et équipé sortait du bac et accourait à toute bride vers le village. Tout le monde bientôt reconnut en lui Buljet-Sing. Un instant après, il était au pied du bûcher et recevait Kouchilie dans ses bras, fier et ravi de la preuve d'affection qu'elle venait de lui donner.

« En peu de mots, il expliqua son passé de plusieurs années. A demi noyé pendant une grande bataille chez les Mahrattes, fait prisonnier et emmené au delà des mers, des Européens lui avaient procuré un service lucratif; la fortune lui avait souri, mais jamais autant qu'en ce jour, où elle lui avait permis d'arriver à temps pour sauver sa femme du sort le plus affreux. »

Voici dans quels termes Edouard de Warren raconte l'un des derniers suttys, cérémonie affreuse dont il fut témoin, il y a moins de quinze ans peut-être :

« C'était une toute jeune, toute charmante créature, riche et parée comme une *ranie*, courant au supplice comme à une fête impatiemment attendue, et souriant du sourire de l'innocence et de la foi à la foule accourue pour la voir mourir. Elle parlait de cette épreuve sans nom qu'elle allait tenter, elle en faisait les apprêts sans qu'un muscle frissonnât sur ses joues enfantines, sans qu'une larme brillât sur ses longs cils. Elle voulait faire voir à tous et à chacun combien elle était heureuse de suivre son mari, à qui ce monde avait si fort déplu, qu'il avait pris le parti de passer dans un monde meilleur; elle espérait que cette fois du moins, quand ils seraient réunis, ils n'auraient plus rien à désirer, et que ce serait pour toujours.

« Pendant qu'avec une aisance qui nous glaçait de stupeur, elle faisait aux assistants les honneurs de son bûcher, sorte de pavillon où, sur une couche épaisse de bois de sandal, reposait le corps du défunt, nous tressaillîmes au bruit d'une troupe brahmanique. « Ah! voilà qu'on m'appelle! » nous dit-elle du ton le plus calme. Et aussitôt, nous saluant avec grâce, elle entra sans sourciller dans son rôle funèbre.

« Se dépouillant d'abord de sa tunique lamée d'or, elle s'enveloppa d'une toile de mousseline imbibée d'huile de sandal, distribua les fleurs de ses guirlandes aux spectateurs, et partagea ses riches bijoux entre ses amis et ses proches; puis, après une sorte de danse autour de la couche funéraire, et une espèce de litanie dont elle chantait les versets, tandis que la multitude répondait en chœur, elle entra d'un pas ferme dans la cabane, monta sur le bûcher et s'y assit auprès du corps de son mari, qu'elle couvrit de son pagne et dont elle appuya la tête contre sa poitrine. Dans cette posture, elle se laissa couvrir, à l'épaisseur d'environ un pied, de petits morceaux de bois sec sur lesquels les assistants s'empressèrent de verser de l'huile, du soufre et d'autres matières combustibles. Plusieurs fois elle remua les bras pour retirer ou placer autrement les bûches qui la gênaient, cherchant la position la plus commode, jusqu'à ce qu'elle se trouvât aussi à son aise que possible. Recevant alors des mains d'un brahmane un flambeau allumé, elle renversa sa tête sur une épaule et commença par mettre elle-même le feu à ses cheveux, qui brûlèrent d'une seule flamme, en une seconde, depuis l'extrémité jusqu'à la racine. Après cela, avec une impassibilité soutenue, elle alluma son pagne par devant, puis le bûcher en deux ou trois endroits, et quand elle vit s'élever les premières spirales de fumée, elle jeta son flambeau aux assistants, comme pour les inviter à abréger son supplice en activant le feu. Aussitôt une pluie de charbons, de mèches et de matières enflammées, tomba dans la cabane, qui se changea en un instant en une pyramide de feu, tandis que la foule exaltée trépignait, dansait et hurlait tout autour.

« Le feu et les danses continuèrent jusqu'au lendemain. Quand tout se trouva consumé, les brahmanes recherchèrent parmi les débris les ossements calcinés des deux époux, et les recueillirent dans deux vases de terre qui furent remis aux parents. Le reste du sacrifice, cendre et poussière, fut jeté dans le fleuve, abandonné aux vents et aux flots. »

Une forêt suivait les basses montagnes consacrées à la mémoire des suttys. Je ne saurais dire combien de charmes et de distractions nous y trouvâmes. D'abord ce furent des singes sauvages à face noire, à longue queue, aux soies brunes et jaunes. A notre approche, les mères s'enfuirent en emportant leurs petits; un grand nombre se cachèrent, d'autres exécutèrent des cabrioles et des contorsions qui nous firent rire aux larmes. Bientôt la forêt prit un aspect plus sombre et plus sévère, et la route coupa des rues aux formes les plus fantastiques : ici, nous croyions voir des groupes d'arbres sans feuilles ; là, les colonnades à demi ruinées d'un palais, la façade d'un temple ou la blanche coupole d'une mosquée; plus loin, le portail magnifique d'une ville couvert des sculptures et des ornements les plus délicieux ; plus loin encore, des figures humaines qui nous apparaissaient comme autant de géants pétrifiés.... Enfin toutes ces visions s'évanouirent, quand nous arrivâmes à de misérables djungles, puis à un pauvre village, où nous ne trouvâmes ni bungalow ni caravansérail.

Nous parcourûmes toute la bourgade, demandant en vain l'hospitalité. Il nous fallut passer la nuit à la belle étoile dans notre incommode véhicule.

Vers le soir, et non loin de l'endroit où nous avions pris notre cantonnement, nous eûmes une autre preuve de la piété de ce peuple. Un singe estropié de naissance ou par accident traversa péniblement et lentement la rue. Tous les piétons et les conducteurs de chameaux de s'arrêter aussitôt pour lui laisser le champ libre, et les habitants de sortir de leurs maisons pour offrir de la nourriture à l'animal sacré.

Le résident de Kotah, pour qui nous avions de bonnes lettres d'introduction, était en inspection, lorsque nous arrivâmes dans la ville; mais il avait donné des ordre pour notre réception. L'un de ses parents, à Kotah pour quelques mois, nous accueillit avec empressement et se mit à notre entière disposition pour nous servir de cicérone.

Le résident habite une charmante villa, qu'il a fait construire non loin de la ville, dans le site le plus pittoresque et le plus délicieux.

Le lendemain matin, nous vîmes arriver deux éléphants richement caparaçonnés, des soldats et quelques serviteurs; le tout nous était offert par le roi Ram-Sing pour le temps de notre résidence dans sa capitale. Le monarque déchu croyait faire sa cour au maître que lui avaient imposé ses vainqueurs par des politesses à des Européens. A notre grand regret, nous ne pûmes être présentés à ce prince : en l'absence du gouverneur anglais, nul ne doit pénétrer auprès de lui.

Nous profitâmes, au moins, de ses offres gracieuses, et, moins d'une heure après, montés sur le dos de nos éléphants, nous parcourions la ville.

Kotah est parfaitement située sur les bords de la rivière Chumbol. Elle est entourée de fortifications où les Anglais, toujours prévoyants, ont disposé cinquante pièces de canon. Elle compte environ trente mille habitants. Autour de la ville, s'étend une vaste plaine où s'élèvent des montagnes nues et rocheuses.

L'intérieur de Kotah est divisé en trois parties. La première, habitée par les pauvres, a un aspect sale et misérable; les autres parties sont remplies de nobles et de marchands.

L'architecture des maisons est originale; les croisées sont si étroites et si basses, qu'on ne peut pas y passer la tête. De magnifiques sculptures et des treillis de marbre y remplacent les vitres. La façade des maisons, décorée de chaque côté de riches pavillons, est ordinairement occupée par un salon ouvert meublé d'ottomanes où les riches viennent s'étendre en fumant leur houka, pour voir ce qui se passe dans la rue. Les marchands en font leurs boutiques.

Quelques autres façades sont pleines et couvertes alors de misérables fresques représentant, trois fois plus grands que nature, des dragons, des lions, des tigres tirant la langue avec d'horribles grimaces, ou des divinités, des fleurs, des arabesques groupées sans le moindre goût et nuancées des plus vives couleurs.

Le palais royal est construit à l'extrémité de la troisième partie de Kotah. Il forme, par son importance, une ville dans la ville, un fort dans le fort.

Notre aimable cicérone nous mena à Armornevas, l'un des châteaux de plaisance du roi.

Le palais d'Armornevas est petit, sans importance, mais agréablement situé sur le Chumbol. Les jardins sont tellement encombrés d'orangers, de citronniers et d'autres arbres, qu'il n'y reste point de place pour les fleurs. Les allées, comme dans presque tous les jardins hindous, sont élevées de deux pieds environ au-dessus du sol, à cause des nombreuses irrigations que font les jardiniers. Les anciens rois de Kotah reposent, dans l'enceinte même de ces jardins, dans de beaux monuments de marbre blanc, sortes de temples ouverts invariablement, ornés de colonnes et d'un gigantesque éléphant de pierre. Non loin de ces tombeaux, s'élève une petite tour, où le monarque actuel vient s'asseoir avec ses amis pour chasser au tigre. Les coureurs poussent les animaux de ce côté, et du haut des tours les chasseurs les tuent bravement.

Le costume des femmes radjepoutes est tout à fait différent de celui des autres femmes de l'Inde. Elles portent des jupes de mousseline brodée longues, fort amples, et des nuances les plus éclatantes, et par-dessus un corsage extrêmement court, un manteau bleu qui enveloppe la partie supérieure de leur corps et qu'elles laissent retomber sur le visage, en forme de voile. Elles sont couvertes de bijoux et ont au nez un anneau d'une telle longueur, qu'il pend jusque sur le menton et qu'elles le doivent lever pour manger. Leurs pieds sont ornés de petites sonnettes d'argent, de sorte qu'on les entend marcher à plus de soixante pas. Les femmes pauvres portent des bijoux faux. Toutes se tatouent la poitrine, le front, le nez, les tempes, etc., de rouge, de jaune ou de blanc, selon qu'elles sont plus attachées à telle ou telle divinité, et elles suspendent à leur cou des amulettes ou figurines représentant le dieu à huit bras Siva, la tête de bœuf de Vichnou, ou la déesse Kali à la longue langue. Ces figurines font les plus horribles grimaces.

Les enfants impurs — on appelle ainsi tous ceux qui, n'ayant pas atteint leur dixième année, ne sont pas assujettis encore à tous les rites de la religion hindoue — les enfants impurs ont les cils et les paupières peints en noir et portent de larges bandes bleu foncé sur le front.

Une seconde excursion hors de la ville nous conduisit à Kesho-Rac-Patum, à deux lieues environ de Kotah, et sur les rives du Chumbol. C'est une misérable bourgade; mais on y voit un beau temple. Sur la porte du sanctuaire, se balancent cinq cloches d'argent, qu'on a grand soin de sonner quand une femme pénètre sous les galeries. Par cette porte, qu'on entr'ouvrit devant nous, nous vîmes les singulières figures des divinités, et un pieux brahmane chassait gravement les mouches assez audacieuses pour se poser sur la tête de Siva ou la langue toujours tirée de la hideuse Kali. En face du temple, s'élève une colline portant le nom de Montagne sainte, à cause de la figure en pierre d'un bœuf sacré que le peuple vient vénérer en ce lieu.

Nous avions vu tout ce que Kotah renferme de curieux ou d'intéressant; nous songeâmes au départ. Nous ne savions trop comment nous rendre à Indore, à soixante lieues de là, quand notre cicérone nous apprit que le roi nous offrait autant de chameaux et de cipayes que nous en pouvions désirer. Nous profitâmes des offres gracieuses de Sa Majesté et nous demandâmes quatre chameaux pour nous et nos bagages, et autant de conducteurs ou serviteurs.

XV.

Les chameaux avaient été demandés pour cinq heures du matin, ils ne furent prêts qu'à midi. Notre excellent hôte de Kotah avait envoyé un courrier en avant pour prévenir le résident, en inspection sur la route que nous allions parcourir, que nous arriverions à ses tentes pour la nuit suivante.

Un voyage sur des chameaux est toujours désagréable, le mouvement continuel de l'animal et le balancement violent et régulier qu'il imprime à tout le corps donnant souvent une sorte de mal de mer. Aux Indes, un tel voyage est intolérable, parce que le conducteur prend la meilleure place, ne laissant au maître qu'un tout petit espace sur la partie la plus élevée du dos de l'animal.

Nous n'arrivâmes aux tentes du résident qu'à deux heures après minuit. Des serviteurs nous attendaient; après nous avoir servi un succulent repas, ils nous étendirent sur des divans, pour nous frotter et presser le corps, comme il est d'usage dans le pays pour rafraîchir les voyageurs. C'est en vérité un moyen excellent; car nous nous trouvâmes beaucoup mieux après cette opération.

Nous passâmes la journée la plus agréable avec le résident et sa famille.

On ne peut se faire une idée de la manière dont les officiers et les magistrats anglais voyagent dans les Indes : ils envoient devant eux des tentes si spacieuses, qu'elles peuvent être divisées en trois ou quatre chambres, et ne coûtent pas moins de 2 à 3,000 fr. Ces tentes sont dressées à la première station et garnies aussitôt de tous les meubles utiles ou inutiles, depuis les divans jusqu'aux tabourets et aux tables de toilette. Les maîtres y passent la nuit. Debout dès trois heures du matin, ils montent à cheval ou en palanquin. Vers neuf heures, ils trouvent une autre tente déjà préparée et un déjeuner chaud, servi avec tout le luxe de leur propre résidence. Ils sont précédés, accompagnés, suivis d'un nombre immense de serviteurs, qui ont chacun leur emploi. Les tentes, enlevées avec dextérité, transportées avec une vitesse incroyable, réélevées en moins de temps encore, sont toujours prêtes à l'arrivée des maîtres. Le cuisinier voyage de nuit, afin d'être toujours à son poste, et pour que l'heure des repas ne soit point changée.

Le soir, il fallut nous remettre en route. Nous préférâmes nos chameaux au palanquin que nous offrait notre généreux hôte, parce que, s'ils étaient incommodes, ils nous permettaient au moins de découvrir de loin tout le pays; et, d'ailleurs, nous avions pitié des malheureux porteurs.

Il ne faut pas croire que nous voyagions plus vite avec nos chameaux qu'en palanquin. C'est à peine si nous parvenions à faire plus d'une douzaine de lieues par jour, en marchant depuis quatre heures du matin jusqu'au soir. Les voyageurs qui ont avancé qu'un chameau fait trente lieues par jour ont donc grandement exagéré. Nous avions, il est vrai, des chameaux ordinaires; nous n'en sommes pas moins persuadés que le meilleur chameau, s'il parvenait par aventure aux trente lieues en question, ne les ferait certainement pas une seconde fois.

Au lieu de nous rendre directement à Oujein, nous fîmes un assez long détour pour visiter le fort de Tchittore, ancienne résidence des chefs du Meïwar et si célèbre par la lutte désespérée que ces derniers champions de l'Inde arienne y soutinrent contre le grand Akbar.

Dans le Meïwar, on ne voit que landes sablonneuses semées de taillis et de pâturages, où de grands troupeaux de bœufs, de chameaux et de brebis, errent sous la garde de pâtres toujours armés. Çà et là s'élèvent des collines couronnées des ruines de châteaux crénelés ou de forteresses devenues asiles de brigands.

Depuis longtemps le fort de Tchittore est sorti de ses ruines. Son possesseur, le rajah d'Oudipour, l'a fait réparer ou reconstruire. Ce fort couvre toute la cime d'un plateau à pentes abruptes d'une centaine de mètres d'élévation et de plus d'une lieue de circonférence. Nous nous approchâmes de ses murs aussi près qu'il nous fut possible; car nous n'obtînmes point d'y pénétrer.

Dans ces lieux mêmes, immortalisés par tant de souvenirs, notre oncle nous lut ce passage de Férishta, l'historien de la conquête musulmane :

« Durant une rébellion du Malwa, Djeimall, rajah du Meïwar, ayant prêté aide et appui aux révoltés, l'empereur Akbar marcha contre lui avec son armée. Le rajah, qui avait réuni huit mille Radjepoutes d'élite et de grands dépôts d'armes et de provisions dans la forteresse de Tchittore, construite au sommet d'une montagne, se retira avec sa famille dans cette place, la jugeant inexpugnable. L'empereur vint l'y assiéger. Aussitôt après l'investissement, quatre mille pionniers ouvrirent la tranchée, et bientôt deux batteries de gros canons commencèrent à battre les remparts. Ce moyen étant insuffisant, l'empereur fit diriger deux galeries de mines sous deux bastions différents, comptant qu'elles éclateraient à la fois. Mais là, il advint qu'un des deux détachements devança, sur le terrain, l'effet complet d'une mine dont la charge avait été mal calculée, et une nouvelle explosion, bouleversant tout à coup le second bastion, enveloppa assaillants et défenseurs dans la même catastrophe. Cet événement frappa d'une telle terreur l'autre colonne d'attaque, qu'abandonnant la brèche qu'elle couronnait déjà, elle lâcha pied dans le plus grand désordre.

« Akbar ordonna l'ouverture d'une nouvelle mine; de leur côté, les assiégés ne perdaient pas courage, et tous, hommes, femmes, adolescents, soutenus par l'exemple de leur rajah et de son jeune frère, animés eux-mêmes par l'indomptable fermeté de leur mère, rivalisaient d'ardeur dans les travaux et dans les périls de la défense. Mais un jour que l'empereur était dans une de ses batteries, il aperçut Djeimall activant, sur les remparts de la ville, de sa présence et de ses ordres, le zèle des travailleurs qui relevaient les brèches. Saisissant aussitôt une arquebuse, Akbar prit si bien son temps et son but, qu'il logea une balle dans le front de son ennemi, qui tomba foudroyé à l'instant. Les assiégés virent leur destin écrit dans celui de leur chef, et désormais, sans peur comme sans espoir, résolurent de recourir à ce terrible sacrifice du *Djouhar*, dont plusieurs cités donnèrent jadis le tragique spectacle au monde antique. Après avoir mis, par le glaive et le poignard, leurs femmes et leurs enfants à l'abri des insultes et des souillures de l'étranger, ils entassèrent leurs cadavres avec celui de leur rajah sur un gigantesque bûcher. Puis, quand la flamme eut tout dévoré, on les vit, revêtus de la robe jaune, symbole funèbre de leur pacte avec la mort, se ranger en bataille autour de ces cendres sacrées, pour y attendre l'ennemi.

« Il ne tarda pas à paraître sur les murs abandonnés de la forteresse; l'énorme colonne de feu et de fumée qui, pendant tout une nuit, s'était élevée du bûcher, l'avait instruit de la résolution suprême des assiégés. Mais Akbar, craignant de sacrifier un trop grand nombre de ses soldats dans une attaque directe contre ces désespérés, se contenta d'abord de les faire fusiller de loin; puis, ayant fait introduire dans la place trois cents éléphants de guerre, il leur fit exécuter une charge à fond sur ceux que sa mousqueterie avait épargnés. La scène qui suivit ne peut se décrire. Les Radjepoutes aux abois s'élancèrent au-devant de cette avalanche de bêtes fauves, qui les écrasa tous et confondit dans un effroyable amalgame la chair et le sang de leurs membres broyés avec les cendres de ceux qui les avaient précédés dans la mort. »

Ce drame affreux se passait en 1567.

Au temps de Bernier, les vainqueurs avaient conservé encore l'impression qu'avait faite sur eux leur sanglante victoire, ainsi que le prouve le passage suivant d'une lettre de ce voyageur au sujet de deux éléphants élevés par Akbar lui-même, en mémoire des héroïques défenseurs de Tchittore :

« A l'une des portes de la citadelle d'Agrah, sont deux grands éléphants de pierre. Sur l'un est la statue de Djeimall, ce fameux rajah de Tchittore; sur l'autre, celle de Patta, son frère : deux braves qui, avec leur mère, encore plus brave qu'eux, donnèrent bien des affaires à Akbar, et qui.... aimèrent mieux se faire tuer sur les murailles de leur capitale que de se soumettre. C'est à cause de cette générosité extraordinaire que leurs ennemis mêmes les ont crus dignes qu'on leur érigeât ces statues. Ces deux éléphants surmontés de ces deux braves impriment d'abord, en entrant dans cette forteresse, je ne sais quoi de grand et je ne sais quelle respectueuse terreur. »

Du Meïwar, nous pénétrâmes dans le Malwa, autre subdivision importante du Radjepoutana ou Rajahstan, province qui s'étend jusqu'à la Nerbedda, et qui, après avoir été, il y a dix-huit siècles, le noyau de l'empire de Vikramaditya, est aujourd'hui partagée entre un grand nombre de petits princes.

Dans son aspect général, le Malwa présente une plaine faiblement ondulée qui s'élève au sud jusqu'aux monts Vindhya. Un grand nombre de rivières y coulent du sud au nord pour s'unir ensuite au Chumbol. Elles ne sont point considérables, mais elles rafraîchissent et fertilisent les terres, où d'abondantes récoltes de céréales, de graines oléagineuses, d'excellent coton, du meilleur tabac de l'Inde et d'opium, se succèdent sans interruption. Les parties non arrosées par ces cours d'eau seraient brûlées par les ardeurs du soleil, si les habitants n'avaient établi des conduits de tous côtés. Ces peuples sont constamment occupés dans les plaines à des irrigations qui les fécondent. Dans d'autres parties, ils portent sur des chariots traînés par des bœufs des cuves d'eau qu'ils ont puisée dans les puits ou les torrents. Quoi qu'on ait dit de la réserve faite aux femmes hindoues des plus durs travaux, jamais nous n'en avons vu partager les fatigues de l'irrigation des champs. Dans tous les pays que nous avons traversés en Orient, sauf quelques exceptions, la condition des femmes ne nous a pas semblé aussi malheureuse que l'ont bien voulu dire tant de voyageurs. Aux Indes, dans les villes occupées par les Européens, le linge est toujours blanchi par les hommes. Les femmes le font, sans doute, dans l'intérieur de leur ménage, mais jamais chez des étrangers ou pour des étrangers. Au temps de la moisson, on les voit, il est vrai, dans les champs; mais les travaux les moins pénibles sont toujours les leurs. Un Hindou ne battrait jamais ni sa femme ni ses enfants.

Sept jours après notre départ de Kotah, nous atteignîmes Oujein.

Au commencement de notre ère, Oujein était la capitale de l'empereur Vikramaditya, savant monarque et illustre astronome; aujourd'hui, l'antique Oujein est ensevelie comme Herculanum et Pompéia, victime, sans doute, de quelque catastrophe ignorée. La légende dit qu'elle a été détruite par une pluie de terre. Quelle que soit la cause de cette tradition, il est vrai qu'en creusant à dix ou douze mètres, on trouve des débris de colonnes de marbre, de monuments de pierre, etc. Une seule ruine de cette époque domine la surface du sol; c'est un temple massif en roche basaltique grisâtre, dont l'intérieur renferme l'entrée de vastes souterrains aux voûtes supportées par des colonnes de basalte et aux parois creusées de niches remplies d'idoles. Les brahmanes prétendent qu'un de ces souterrains s'étend jusqu'à Bénarès, mais qu'un grand nombre de personnes s'y étant perdues, le gouvernement en a fait condamner l'entrée, il y a quelque soixante ans.

Sachons bien, avant d'ajouter foi à cette assertion, que deux cents lieues séparent Oujein de Bénarès.

L'Oujein moderne, l'une des villes saintes de l'Hindoustan, compte à peu près cent mille âmes. Elle s'étend sur les bords de la rivière sacrée de la Siprah.

A toute heure du jour, les brahmanes reçoivent les pèlerins sur les ghants peu élevés de cette rivière, les conduisent sur une aire de terre battue et enduite chaque matin de bouse de vache, leur font réciter leurs prières, faire leurs ablutions, et leur barbouillent le front et les tempes de diverses couleurs, selon la caste à laquelle les dévots voyageurs appartiennent.

Nous entendons nos jeunes lecteurs nous demander pourquoi l'aire enduite de bouse de vache. Ont-ils donc oublié que la vache est l'animal le plus sacré des Hindous? Dans chaque temple un autel lui est consacré; une fête est célébrée annuellement en son honneur; dans les rituels, l'urine de ce quadrupède figure au premier rang des eaux lustrales. Frapper du pied une vache est un crime irrémissible; la toucher, c'est se purifier; mourir en pressant sa queue, c'est le comble du bonheur et le gage de la gloire du paradis.

La vache sacrée de l'Inde est petite de taille, a des membres agiles et bien proportionnés, des cornes hautes et droites, et un pelage blanc ou gris d'ardoise et fort souvent tigré. C'est le zébu ou *bos indicus* des naturalistes.

L'architecture des maisons d'Oujein est assez singulière: toutes les façades sont en bois, ornées de sculptures et percées de grandes fenêtres régulières, où des traverses de bois tiennent lieu de vitrage. Toutes ces maisons sont peintes en brun foncé; ce qui donne à la ville un aspect triste et sombre. A l'intérieur, il n'y a aucun plafond intermédiaire; chaque appartement est donc aussi élevé que la maison elle-même.

A Oujein, nous passâmes la nuit dans une véranda ouverte dans l'un des faubourgs écartés de la ville. Nous y fûmes témoins d'un horrible spectacle, d'une cruauté inspirée par la croyance religieuse et tout extraordinaire chez un peuple d'ailleurs bon et sensible. Un fakir, épuisé peut-être de fatigue, de besoin ou de maladie, était tombé sur la route à peu de distance du lieu où nous nous étions établis. Un grand nombre de personnes passèrent et s'approchèrent du malheureux; mais comme il ne pouvait plus dire à quelle caste il appartenait, toutes s'éloignèrent, n'osant le secourir. Nous courûmes à notre tour auprès du moribond; il était trop tard : il leva sur nous des yeux mornes et hagards et expira. Le lendemain, le cadavre était là encore. On nous dit que si quelque parent ne le venait point réclamer, il serait emporté par les parias.

Dans l'après-midi, nous arrivâmes à Indore.

Indore, ancienne capitale de ces Holkars dont la puissance, à la fin du XVIIIe siècle, menaça l'Inde entière de sa suprématie, est bien déchue aujourd'hui de sa splendeur. C'est une ville de vingt-cinq mille habitants, sans fortifications, et dont l'architecture est la même qu'à Oujein. Le palais royal, qui occupe le centre de la ville, et dont la façade principale a la forme d'une pyramide élevée de six étages et ornée d'un magnifique portique flanqué de deux tours, est couvert à l'extérieur de fresques représentant des éléphants et des chevaux gigantesques.

Le résident, chez qui nous avions été reçus avec empressement, grâce à de bonnes lettres de recommandation du résident de Kotah, nous présenta à la cour.

La salle de réception est au premier étage, en face d'une autre salle de même dimension et consacrée à un bœuf sacré. On y arrive par des escaliers tout à fait noirs; les appartements mêmes sont très-sombres. Les Hindous croient que c'est une bonne précaution contre leurs ennemis.

La reine Jeswant-rao-Holcar est veuve, âgée et sans enfant; mais elle a adopté un jeune homme à l'air noble et intelligent, et qui avait, lors de notre visite, une quinzaine d'années environ. Tous deux étaient enveloppés de mousseline blanche brodée. La reine n'avait point de voile. Le turban du jeune prince était orné de bijoux. Il nous adressa quelques mots en anglais et nous offrit des fruits arrosés d'eau de rose et des sucreries. Peu après, la reine nous présenta elle-même des noix d'arec et des feuilles de bétel sur un plateau d'argent, qu'elle prit des mains d'un des nombreux serviteurs qui, sans façon, nous avaient suivis dans la salle de réception. Cette offre était le signal de la fin de l'audience : nul visiteur ne peut se retirer avant que la princesse ait présenté les feuilles de bétel. Avant notre départ, on nous passa au cou des guirlandes de jasmin; on nous en mit aussi aux poignets.

La reine avait chargé le *mundsch*, c'est-à-dire le gouverneur royal, ou plutôt le secrétaire et l'interprète, de nous conduire dans les différentes parties du palais. Ce palais n'offre rien de bien remarquable; mais la conversation du *mundsch* nous intéressa vivement; il nous expliqua les procédés employés aux Indes pour se procurer de la glace.

Le temps le plus propre pour la recueillir est en décembre, en janvier, quelquefois même en février. On creuse de petits trous dans le sol, aux endroits où ce sol est mêlé de salpêtre; on dépose sur ces trous de petits plats d'argile poreuse remplis d'eau, et sur lesquels se forme la glace. Quand le sol ne contient pas de salpêtre, on dépose ces petits plats sur les terrasses des maisons, que l'on couvre de paille. La glace obtenue est ensuite brisée en petits morceaux et conservée dans les glacières.

Le lendemain, nous nous occupâmes du départ pour Aurengabad, à quatre-vingts lieues d'Indore. Nous aurions pu garder les chameaux du roi Ram-Sing, mais nous préférâmes un chariot traîné par des bœufs.

D'Indore à Burwaï, petit village sur les rives de la Nerbedda, la contrée est extrêmement pittoresque, grâce aux hautes montagnes qu'on aperçoit de toutes parts, aux profondes vallées, aux chemins coupés dans le roc vif et bordés d'un côté de rochers escarpés et de l'autre de ravins dont on ne voit point le fond, aux bosquets, aux bois de palmiers, de manguiers et d'une sorte d'arbres sans feuilles, couverts de fleurs rouges et jaunes; mais les routes sont mauvaises et remplies de pierres.

Nous ne rencontrâmes aucune caravane de chameaux. Nous vîmes en revanche d'énormes trains de bœufs. Nous n'exagérons pas, quand nous affirmons que nous rencontrâmes ces animaux par milliers, traînant des chariots remplis de blé, de fil, de sel, etc.

Je ne puis imaginer où l'on trouve de quoi subvenir à la nourriture de ces énormes quadrupèdes dans un pays où ne s'élèvent que de pauvres villages et où la terre ne produit, à l'exception des plantations entretenues, qu'une herbe sèche et menue.

Les femmes et les enfants de ces villages ont une singulière industrie : portant au bras d'énormes paniers, ils suivent à des distances considérables les caravanes de bœufs et ramassent avec soin les excréments de ces animaux. Ils font de ces ordures des sortes de petites briques, qu'ils sèchent au soleil et dont ils se servent ensuite pour le chauffage.

Nous traversâmes la Nerbedda en face de Rostampour.

La Nerbedda, qui coule ses eaux bleues et limpides au milieu des hautes berges de roches vives, comme dans un gigantesque canal artificiel, est le plus sacré des fleuves de l'Inde : pour profiter de la vertu des eaux du Gange, il faut se baigner dans ses flots ou boire quelques gouttes de son onde ; la seule vue de la Nerbedda sanctifie ; aussi de nombreux pèlerins affluent-ils chaque année sur ses bords ou la viennent-ils bénir du haut des falaises escarpées qui encaissent son étroit bassin.

Tandis que, nous aussi, nous la contemplions, non pas avec la dévotion des Hindous, mais avec étonnement, mon oncle nous raconta la vieille légende qui se rattache à cette rivière :

« Au temps de la jeunesse du monde, la Nerbedda, étant arrivée à l'âge de raison, conçut le dessein de se marier. Après avoir hésité longtemps entre divers prétendants, elle fixa son choix sur le Soâne, né sur le même plateau qu'elle. Toutes les formalités préliminaires accomplies, le Soâne se mit en marche avec la pompe voulue pour venir trouver sa fiancée. Les futurs époux ne s'étaient jamais vus, et la Nerbedda était si impatiente de connaître le Soâne, qui s'avançait bien lentement, qu'elle dépêcha à sa rencontre la fille de son coiffeur, nommée Dhjola. « Va, lui dit-elle, approche-toi de lui sans qu'il s'en « doute, et reviens au plus vite m'apprendre comment il est. » Dhjola obéit, partit le même jour et se rendit en toute hâte auprès du Soâne; mais elle ne chercha pas ou chercha mal à se dérober à sa vue. Il l'aperçut, la trouva charmante, et, aussi prompt dans ses impressions qu'il était lent dans sa démarche majestueuse, il lui offrit son cœur, que la messagère infidèle eut l'indignité d'accepter. A la nouvelle de cet affront, la Nerbedda furieuse s'élance hors de son lit et se dirige en rugissant vers les deux coupables. « Misérables ! » s'écrie-t-elle à leur vue. Mais la colère l'empêche d'achever. D'un coup de pied, elle renvoie le Soâne vers l'est, d'où il venait ; d'un second elle étend la Dhjola derrière lui ; puis, sans mot dire, elle s'enfuit à l'ouest, écumante de rage, vers le golfe de Cambaye. Telle était sa colère, qu'elle brisa ou renversa tous les rochers qui s'opposaient à son passage, comme s'ils eussent été des noix de coco. »

— Mais, fis-je observer avec maints voyageurs à qui les brahmanes des rives de la Nerbedda ont redit la légende, si le mariage eût été célébré, la femme eût-elle suivi son mari à l'est, ou l'eût-elle emmené avec elle du côté du couchant ?

— Il avait été convenu, répondit notre aimable conteur, qu'elle accompagnerait son mari dans les contrées de l'Orient; mais après l'outrage qu'elle venait de recevoir, elle jura qu'elle ne suivrait plus jamais, ne fût-ce que d'un pas, la même direction que ces misérables et qu'elle coulerait à l'ouest, bien que toutes les autres rivières de l'Inde coulassent en sens opposé. Depuis ce jour elle n'a pas failli une fois à son serment; elle a toujours coulé à l'ouest, la rivière vierge! »

Le Soâne, qui prend sa source à peu de distance de la Nerbedda, sur le plateau d'Omurkimtak, coule d'abord à l'ouest, puis, au moment où il reçoit les eaux d'un petit ruisseau nommé Dhjola, il se tourne vers l'orient et se précipite avec son modeste affluent le long des terrasses septentrionales des monts Vindhia.

— Que cette légende ne vous étonne pas, mes enfants, reprit notre oncle après un instant de silence, nul peuple n'est possédé comme celui de l'Inde de la monomanie matrimoniale. De l'Indus au Brahmapoutra et du cap Comorin à l'Himalaya, on marie journellement les rivières, les ruisseaux, les arbres, les plantes de toute espèce, les pierres même.... Je me rappelle que, dans un voyage que je fis, il y a quelques années, je ramassai sur ma route certaines pierres fossiles de la classe des volutes, et les cassai pour en étudier les fragments. A cette vue, ma suite, qui défilait devant moi, se mit à pousser des gémissements désespérés et à trembler, comme si elle se fût attendue à voir la terre s'entr'ouvrir pour l'engloutir avec moi. Ayant demandé tranquillement, et sans perdre un coup de marteau, à un de ces pauvres diables la cause de l'horreur et de l'effroi dont je les voyais tous saisis : « Saheb, me répondit-il tout ému, vous pulvérisez un saligram, le mari de la toulsie! un saligram, qui, dans toute l'Inde, a droit aux honneurs divins, et que nous adorons tous comme la plus sainte des pierres! » Ayant alors promis à ce brave serviteur de respecter dorénavant l'objet de sa vénération, j'obtins de lui l'explication suivante : « Suivant l'opinion d'un grand nombre de ses compatriotes, Sita, la fidèle épouse de Rama, ayant été métamorphosée en toulsie, arbuste du genre asymom, le saligram représente le grand Rama lui-même. Dans tous les districts où se rencontre ce volute, on le marie chaque année à l'arbuste sacré. Dans une cérémonie de ce genre dont le narrateur avait été témoin, le cortége nuptial ne comptait pas moins de huit éléphants, douze cents chameaux et quatre mille chevaux, tous montés et élégamment équipés. L'éléphant qui ouvrait la marche, et dont le caparaçon valait une dot de princesse, transportait sur un baldaquin magnifique le petit caillou-dieu auprès de sa fiancée, la frêle plante-déesse. On les maria avec toutes les cérémonies d'usage, puis on les déposa l'un à côté de l'autre dans un temple, où ils devaient rester jusqu'à la saison suivante. Plus de cent mille personnes assistaient à la célébration de cet hyménée. »

XVI.

Bourampour s'élève sur la rive nord de la Tapty. C'est une grande ville encore, et pourtant elle est bien déchue du haut degré de splendeur qu'elle avait atteint sous Aureng-Zeyb. Elle a dans son voisinage une citadelle construite sur un mont isolé, et dont l'origine se perd dans la nuit des temps. Les Anglais s'en emparèrent en 1818. Ce fort sert aujourd'hui de prison aux nobles hindous soupçonnés de conspiration contre la Compagnie et aussi à des chefs bhils, voleurs de grand chemin, à des Thugs, etc.

Les Thugs, misérables êtres voués au culte de Kali, déesse du mal et de la mort, n'ont qu'un dogme, le meurtre.... Le meurtre, c'est leur prière, l'œuvre par excellence, qui leur mérite le bonheur éternel; car leur terrible patronne, qui leur promet tant de jouissances dans son paradis, n'accepte qu'un seul encens, les derniers soupirs des victimes.... Si le Thug tombe sous le coup des lois humaines, il se considère comme un martyr.

« Vous trouvez un grand plaisir, me disait un de ces condamnés, à attaquer la bête féroce dans sa tanière, à machiner et à poursuivre la mort du tigre, parce qu'il y a là des dangers à braver et du courage à déployer. Songez donc combien cet attrait doit redoubler, quand la lutte est engagée avec l'homme, quand c'est l'homme qu'il faut détruire! Au lieu d'une seule faculté, le courage, c'est tout à la fois le courage, la ruse, la prudence, la diplomatie qu'il faut employer. Jouer avec toutes les passions, faire vibrer même les cordes de l'amour et de l'amitié pour amener la proie dans vos filets, c'est une chasse sublime, c'est enivrant, c'est un délice, vous dis-je. »

Et il avouait avec bonheur qu'il avait étranglé sept cent dix-neuf personnes. « Ah ! ajoutait-il avec un soupir de regret, si, depuis dix ans, je n'étais sous les verrous, j'aurais bien complété le millier. »

Un vieillard, d'environ soixante ans, se glorifiait de six cents meurtres. Mais ses exploits n'étaient rien auprès de ceux d'un de ses anciens compagnons de captivité et son maître dans le thuggisme, qui était arrivé au chiffre fabuleux de neuf cent quatre-vingt-dix-neuf, et qui ne s'était arrêté là que par coquetterie de métier.

Les Thugs prennent leur nom du verbe *thugna*, tromper. En effet, c'est par la dissimulation et la ruse qu'ils viennent toujours à bout de leurs odieuses entreprises : ils se cachent sous la figure de véritables pèlerins, ou de pacifiques voyageurs, ou de paisibles paysans. Tenaces dans leurs résolutions, ils suivent quelquefois des mois entiers la victime qu'ils ont choisie, ils la flattent, la caressent et la frappent au moment où ils lui témoignent le plus d'amitié et de dévouement. Ordinairement ils voyagent par bandes. Dans ces bandes, chacun a son emploi, ses attributions ; tel sert d'espion et d'éclaireur, tel prépare les repas de la troupe, tel autre creuse les fosses, ensevelit les cadavres. La dignité du thuggisme, du phansigar (étrangleur) proprement dit, n'est conférée qu'après de longues épreuves. L'étrangleur possède une merveilleuse et horrible adresse pour passer au cou de sa victime le terrible lacet qui en un instant lui donne la mort ; mais il ne doit pas verser une goutte de sang, sous peine de déplaire à la déesse, de perdre sa caste et d'être abandonné de ses frères.

C'est du Bundelkand que sortent la plupart des bandes de Thugs, et ce sont les États d'Aoude et le bassin de la Nerbedda qui, le plus souvent, ont servi de théâtre à leurs crimes. Ces misérables se recrutent dans toutes les classes d'Hindous et même parmi les musulmans. Tous les affiliés se reconnaissent en tous temps et en tous lieux par certains signes imperceptibles pour ceux qui ne les connaissent pas.

Depuis des siècles cette compagnie organisée des Thugs ou d'étrangleurs, au nombre de plus de cinquante mille affiliés, dévastait l'Inde sans qu'on sût même son existence, quand, en

1830, un concours de circonstances fortuites en amena la découverte et jeta l'effroi dans tous les cœurs.

Voici ce que dit à ce sujet le colonel Sleeman, celui-là même qui parvint à découvrir l'odieuse association des étrangleurs :

« Durant les années 1822, 23 et 24, quand j'étais chargé de la magistrature et de l'administration civile du district de Mersingpour, dans la vallée de Nerbedda, il ne se commettait pas un meurtre, pas le plus petit vol, par un bandit ordinaire, dont je n'eusse immédiatement connaissance; il n'existait pas d'outlaws si redoutables ou de si minces filous dont je ne connusse immédiatement le gîte, le caractère et les antécédents, et dont je n'eusse pu suivre à volonté tous les mouvements. Si quelqu'un était venu me dire, à cette époque, qu'une bande d'assassins, faisant du meurtre sa profession héréditaire, demeurait dans un village à moins de quatre cents mètres de ma cour de justice; que les admirables bosquets du bourg de Mundesoor, à une journée de marche de ma résidence, sur la route de Saugor à Bopal, étaient un des plus effroyables entrepôts d'assassinats qui existassent dans l'Inde; que des bandes nombreuses venant de l'Aoude et du Dekkan se donnaient annuellement rendez-vous dans ces ombrages, s'y réunissaient des semaines entières de chaque saison, pour exercer leurs effroyables vocations sur toutes les lignes de route qui viennent se croiser dans cette localité, à la connaissance et avec le concours des deux fermiers généraux dont les ancêtres avaient planté ces massifs, j'aurais pris cet individu pour un fou ou un imbécile qui s'était laissé effrayer par des contes à dormir debout.... Et cependant rien n'était plus vrai. Des centaines de voyageurs étaient enterrés chaque année sous les bosquets de Mundesoor! Toute une tribu d'assassins vivait à ma porte, pendant que j'étais magistrat suprême de la province; ils étendaient leurs dévastations jusqu'aux cités de Pounah et d'Haïderabad.

« Le jour où Féringhea, chef de ces meurtriers, devenu dénonciateur public, me fit ces premières révélations, ma raison révoltée refusait encore d'y ajouter foi, quand tout à coup il fit exhumer, du sol même que couvrait le tapis de ma tente, treize cadavres à divers degrés de décomposition, et m'offrit d'en faire sortir de terre tout autour de moi un nombre illimité. Cette exhibition funéraire frappa comme d'un coup de foudre mon esprit consterné; il fallut bien alors me rendre à l'évidence et ajouter foi aux effroyables drames dont les preuves se dressaient devant moi comme le spectre de Banco!... Grâce au fil donné par le dénonciateur, je parvins à envelopper des légions nombreuses de Thugs qui s'étaient déjà réunies dans Radjepoutana pour commencer leur campagne de l'année. »

Qu'on nous permette de citer aussi les réflexions d'un officier anglais commandant dans le district de la Nerbedda :

« L'Européen qui ignore comment est constituée la société en Orient ne pourra comprendre, me disait mon informateur, comment une semblable association a pu se développer sans que son existence ait été connue ou au moins soupçonnée des populations au sein desquelles elle recrutait ses professeurs et ses affiliés; mais celui qui a un peu étudié l'Asie, qui connaît le fractionnement de son territoire, l'indolence de ses gouvernants despotiques, la corruption, l'arbitraire de son administration, et la jalousie qui a toujours empêché ses morcellements de peuples de se liguer entre eux pour rassurer en commun la sécurité des voies publiques et la police des transits; celui qui sait que les mœurs et les coutumes des natifs s'opposent également à ce qu'il se fonde dans l'Inde des moyens de transports réguliers à l'usage du public, celui-là conviendra que toutes les conditions possibles se réunissent en cette contrée pour former des bandes de brigands et assurer leur impunité. Aussi l'Asie en a-t-elle enfanté de tout temps et sous mille dénominations diverses; mais aucune d'elles n'a été si nombreuse, si unie, si discrète, et partant si dangereuse, que celle des Thugs.

« Il a été démontré par les recherches qui ont suivi les révolutions de 1830, que, dans l'Inde moyenne, une grande partie des zémindars ou fermiers généraux, des zaghirdars ou propriétaires fermiers, et même des pattels, autorités municipales des villages, étaient en rapport direct, de père en fils, depuis plusieurs générations, avec la société des Thugs, leur fournissaient des espions, des recéleurs, des secours et des asiles!... Qu'on songe maintenant à l'effroyable consommation de vies humaines qui devait se faire dans l'Inde avant la découverte de ce prodigieux mécanisme! Combien de familles ont dû périr annuellement sous les coups de plus de cinquante mille assassins régulièrement organisés, procédant avec ensemble et méthode, dans des régions où les pèlerinages, la superstition et les mœurs rendent l'homme essentiellement nomade! Là, bien plus que dans les ravages passagers des guerres des Mahrattes et des Pindaris, est le secret des vastes solitudes qui séparent aujourd'hui les populations, de leur faiblesse numérique en proportion du sol.

« L'attention du gouvernement anglais, une fois éveillée sur ces horreurs, ne s'est plus assoupie; ses efforts ont été proportionnés à l'étendue du mal. Le gouverneur général, lord William Bentinck, commença une croisade qui fut continuée avec enthousiasme par toute la magistrature de la colonie. Un bureau spécial d'inquisitions, composé des officiers les plus versés dans les langues et les habitudes du pays, fut chargé de traquer la secte infernale de repaire en repaire. Il fonctionne encore. Depuis vingt ans, plus de sept mille Thugs ont été arrêtés, transportés ou pendus; près d'un millier d'autres ont été admis comme dénonciateurs publics; mais la plaie est loin d'être fermée. Le mal n'est que stationnaire, et le moindre relâchement de la part de l'administration le verrait déborder avec une nouvelle fureur. S'il faut en croire les assertions des condamnés, confirmées d'ailleurs par les aveux du membre du tribunal des recherches, le thuggisme fait encore aujourd'hui, même au pied des échafauds, de nouveaux prosélytes. C'est en frémissant que plus d'un juge anglais a entendu ces suppôts de l'enfer parodier ainsi les paroles de Tertullien aux persécuteurs du christianisme : « Vous avez beau nous détruire, nous nous « multiplions autour de vous; nous remplissons vos campagnes, « vos villes, vos armées, vos mosquées, vos pagodes; nous sié« geons même dans vos cours de justice; nous ne vous laissons « que vos temples européens ! »

Nos jeunes lecteurs ont été étonnés, sans doute, que près d'un millier de Thugs aient été admis comme dénonciateurs publics. C'est peut-être le moyen le plus sûr d'arriver à triompher de cette société affreuse que d'amener les affiliés à des révélations sur leurs horribles statuts et leurs réunions criminelles. Les mettre tous à mort, ne serait-ce point lasser le bourreau? Les Thugs se font révélateurs à deux conditions : la première, c'est qu'on leur permettra de partager avec leur famille la captivité perpétuelle à laquelle ils sont condamnés, quand on parvient à les arrêter; la seconde, c'est que ceux des leurs que l'on mettra à mort seront pendus et non décapités. Selon leur croyance, la pendaison a quelque charme, et il arrive malheur dans l'autre monde à celui qui s'y présente la tête à la main.

Comme nos galériens, ils exercent dans leurs prisons mille petites industries pour se procurer quelque argent. La plus lucrative, et celle à laquelle ils s'adonnent avec plus d'ardeur, c'est la représentation en bois, en ivoire ou en plâtre colorié, des scènes de massacre auxquelles ils ont pris part. Ces figurines sont fort recherchées des Anglais.

Quelques voyageurs et quelques auteurs prétendent que les Thugs ne forment pas une secte religieuse, mais qu'ils se vouent au meurtre par intérêt, afin de s'enrichir des dépouilles de leurs victimes ou de réaliser quelque gain en accomplissant la vengeance d'autrui.

Les Thugs ne sont pas les seuls scélérats, les seuls assassins qui infestent les Indes orientales. Les Dacoits ou les chauffeurs exercent leurs rapines du cap Comorin à l'Himalaya et de la côte de Malabar à celle de Coromandel. Pendant le jour, ces brigands remplissent des fonctions paisibles; on les prend pour des paysans honorables. La nuit, ils se réunissent pour tenter leurs coups de main et mettre au pillage les maisons du voisinage. Souvent ils se rendent maîtres du propriétaire, de sa femme, de ses enfants, et, semblables à ces chauffeurs qui, à la fin du dernier siècle, épouvantèrent le Nord de la France, ils emploient la torture envers leurs prisonniers pour leur arracher une rançon ou l'aveu d'un trésor caché. Ordinairement l'association est placée sous la protection d'un zémindar, à qui elle donne une petite part de toutes les prises. « Il doit en retour employer son crédit pour tirer ses associés des mains de la justice des Anglais, établir des preuves d'alibi, suborner des agents de police subalternes, acheter de faux témoins, ou bien épouvanter par des menaces les témoins que l'on redoute. » Les vallées qui s'inclinent vers le Chumbol et la Nerbedda donnèrent issue, vers 1817, à des hordes formidables de bandits, formées, comme les compagnies de routiers et d'égorgeurs du moyen âge, de tous les éléments de troubles et de rapines que la paix et le licenciement des armées, après de longues guerres, laissaient sans drapeaux et sans foyer. Ils avaient trouvé, dans des déserts inexplorés du centre de la Péninsule, des points de ralliement et de conjuration, et ils en ressortaient avec une organisation monstrueuse et gigantesque. Les Bindarins, c'est le nom qu'ils se donnaient, n'avaient ni femmes ni familles; à l'exemple des Mameluks égyptiens, ils se recrutaient d'enfants enlevés ou dérobés, et dont l'éducation consistait en quelques vagues idées d'islamisme et dans l'exercice du vol. Le pillage, le massacre, l'incendie et au besoin l'anthropophagie marquaient les pas des Bindarins. La pitié était pour eux une chose ignorée et un mot inconnu, et ils comptaient plus de trente mille cavaliers! Il fallut à la Compagnie cent vingt mille hommes, trois cents bouches à feu, deux campagnes et deux batailles rangées, pour venir à bout de ce fléau.

Ce n'est pas tout. Au sud-est du Bundelkand s'étend une région moins fréquentée, plus inaccessible encore, qui recèle peut-être dans ses gorges boisées des descendants de Pandæi d'Hérodote et les aînés des Garrows de l'Assam. Les sauvages habitants de cette terre ne connaissent qu'une manière de la féconder : la rosée de sang humain, la fumée de chair humaine! Et, comme tout s'enchaîne ici-bas, les eaux que le plateau du Gandwana verse aux plaines de l'Est semblent les avoir infectées de la barbarie de leur berceau. Dans tout le bassin de Mahameddi, sur tous les rivages de l'Orissa, le culte de Bhavani, de Tourga, de Kali, triple appellation d'une même conception mystique, ne fait pas tomber sous le couteau des Brahmanes moins de jeunes victimes humaines, achetées ou volées par le sacrificateur, que n'en dévora jadis le Moloch des Chananéens.

Un mot encore de ce Gandwana, région montagneuse et boisée, dont l'aspect général semble avoir peu changé depuis les temps antiques où elle faisait partie de la grande forêt Dandaka. Cette contrée est habitée par un peuple à demi barbare, et parmi lequel le sacrifice humain est encore en usage. A chaque fête de communauté ou de famille, à chaque malheur, à chaque fléau, il faut du sang, du sang humain! Il en résulte un horrible traité au fond de ces vallées pour ainsi dire inaccessibles, la traite des enfants des deux sexes. Les parents pauvres ou surchargés de famille y consentent toujours, moyennant un prix modéré, à se défaire d'une partie de leur progéniture. Les acheteurs emportent les enfants sans nulle précaution. Les malheureuses créatures ignorent le sort qu'on leur destine ou sont trop faibles pour résister. Les adolescents sont étroitement garrottés jusqu'à ce qu'ils s'engagent à renoncer à toute tentative d'évasion. Pour leur arracher ce serment, on leur renouvelle cent fois la promesse de ne point attenter à leurs jours. On ne tient nul compte de cette promesse. Quelquefois, il est vrai, on les marie, et le maître se réserve de leur substituer sous le couteau sacré les enfants qui naîtront de leurs malheureuses unions.

Chaque année, à l'occasion des semailles, a lieu dans chaque village une grande fête religieuse, le Pourroucha-Medha. L'infortuné qui doit en faire les frais est étroitement garrotté huit jours à l'avance. Il est vrai que pendant ce temps on lui donne à boire et à manger autant qu'il en désire; au jour fatal, on le plonge dans l'ivresse, puis on l'attache au poteau sacré. Tous les habitants du village, armés de couteaux, forment autour de lui une ronde mystique et sauvage, puis, à un certain signal, se jettent sur lui, enlèvent avec dextérité un morceau de sa chair et courent le porter palpitant encore sur les champs qu'ils veulent féconder.

Voici les propres paroles d'un capitaine anglais qui, chaque année, au temps des semailles, fait des courses dans les villages des Ghattes pour arracher tant de victimes à la mort : « L'usage est positivement de disséquer la victime toute vivante, de lui enlever un à un les muscles des membres, de la face et de l'abdomen, de manière que les viscères intacts et mis à nu exposent longtemps aux regards leurs épouvantables convulsions. »

En 1847, furent enlevés par les Anglais cinq cents enfants destinés aux oblations sanglantes. Malheureusement, on n'a pu pénétrer encore au fond des vallées du Gaudwana, à cause des fièvres qui y règnent et qui sont mortelles aux étrangers.

Quant aux Bhils, misérables restes de la puissante nation védique qui habitait l'Inde avant l'invasion des ariens brahmaniques, le délit le plus ordinaire qu'on leur reproche est le vol des bestiaux et des bœufs surtout, qu'ils enlèvent pour les manger.

Dans la partie de l'Inde que nous visitions alors, régnait une abominable coutume, l'infanticide. Le chiffre des pauvres petites victimes s'élevait quelquefois annuellement, pour une seule province, au chiffre énorme de sept mille. C'étaient les enfants du sexe féminin, qu'au moment de leur naissance, les mères elles-mêmes noyaient dans un bassin de lait. A peine souffrait-on une fille, deux filles dans la maison. Les Anglais ayant soumis le pays, cette affreuse coutume fut abolie par un traité formel, dont voici la teneur : « L'honorable Compagnie des Indes et le savant brahmane Anand-Rao ayant fait connaître aux chefs du Guikowar la vraie doctrine des Castras à l'égard des enfants du sexe féminin, et les ayant convaincus que l'infanticide est un grand péché, équivalant au meurtre d'un brahmane, et condamnant celui qui s'en rend coupable à être mangé par les vers en enfer et à renaître lépreux, les rajahs soussignés ont renoncé pour eux et pour leurs descendants à cet usage, sous peine d'exclusion de caste. » Malgré ce traité, bien des infanticides se commettent encore en secret, sans doute; car ce n'est pas en quelques années que l'on parvient à extirper du cœur humain d'abominables préjugés fondés sur la foi religieuse, et reconnus avec enthousiasme depuis des siècles; or, les Hindous sont intimement convaincus que le sacrifice des enfants apaise les génies du mal.

Nous étions à peu de distance de Bourampour, je veux dire à une dizaine ou à une quinzaine de lieues, et nous traversions des djungles déserts, un matin avant le jour, quand nos bœufs s'arrêtèrent tout à coup et commencèrent à manifester une horrible frayeur. Cette frayeur se communiqua à notre conducteur, nous gagna nous-mêmes. *Bach! bach!* s'écrièrent nos gens, c'est-à-dire, dans la langue du pays, le tigre! le tigre! Nous nous arrêtâmes, nous allumâmes un grand feu, nous fîmes grand bruit, et nous n'eûmes d'autre indice de la présence ou du passage du terrible animal que la crainte qui avait saisi notre attelage. Nous attendîmes le lever du soleil pour continuer notre voyage.

Au prochain village, nous apprîmes que toute la contrée était infestée de tigres, qu'il ne se passait point de nuit sans qu'un bœuf, un âne, un mouton ne fût enlevé par ces terribles animaux.

Le village était entouré de hauts murs de pierre et de boue, soit à cause du voisinage des bêtes féroces, soit pour toute autre raison. Les autres bourgs que nous rencontrâmes ensuite jusqu'à Aurengabad avaient les mêmes fortifications.

Entre Furdapour, pauvre petit village, construit au pied d'un mont isolé, et le fort d'Adjunta, où nous nous rendions avec une lettre de recommandation du résident d'Indore pour le capitaine, se trouve une passe terrible entre des montagnes nues, arides et rocheuses. La route y est si étroite, que notre véhicule roulait à peine. En temps de guerre, cette passe est fermée par une porte fortifiée. De là à Adjunta, la vue est délicieuse, le paysage charmant : ici de romantiques vallées arrosées de torrents et coupées de profonds ravins; là, de pittoresques montagnes, les unes couvertes d'une riche végétation, les autres aux flancs nus et déchirés; plus loin, des plaines que borne l'horizon.

Le capitaine de la forteresse nous reçut avec cet empressement que nous étions habitués, du reste, à trouver dans les gouverneurs et les résidents anglais. Notre intention était de passer un seul jour à Adjunta; nous exprimâmes le désir de visiter les fameux temples taillés dans les rocs des montagnes.

L'honorable officier témoigna son regret de n'avoir point su à l'avance notre visite. Il eût été nous attendre à la passe de la montagne, car c'est de ce côté que se trouvent les fameux monuments d'Adjunta; nous dûmes donc retourner sur nos pas; mais nous accomplîmes ce petit voyage en très-peu de temps, grâce aux excellents chevaux du capitaine.

C'est au milieu de vallées rocheuses, sauvages, et où un silence de mort n'est troublé par le cri d'aucun animal, par le chant d'aucun oiseau, que s'élèvent les rocs magnifiques dont les nations antiques de l'Inde ont fait, à des époques tout à fait inconnues, des sanctuaires de leurs divinités.

Vingt-sept temples, formant le demi-cercle, sont creusés dans les rochers, et pour la plupart séparés des ravins où coulent des torrents impétueux qui descendent des montagnes. En certains endroits, les rocs sont si élevés, qu'ils sont divisés en deux temples, l'un reposant sur l'autre. Des sentiers si étroits, si boisés, qu'ils sont en grande partie impraticables, conduisent au sommet de ce singulier et magnifique monument.

Un certain nombre de temples sont de forme quadrangulaire et portent le nom de *viharas;* les autres sont de forme ovale et sont dits *chaityas*.

De magnifiques portails, ornés de vérandas, et supportés par des colonnes sur lesquelles semble reposer tout l'édifice, donnent entrée aux premiers. Dans le plus grand de ces temples de première classe, nous avons compté vingt-huit piliers; dans le plus petit, huit seulement. Sur les rocs de côté sont creusées, à l'intérieur, de petites cellules, où vivaient sans doute les prêtres, et des niches remplies de figurines. Au fond, s'élève le sanctuaire, où reposent de gigantesques idoles dans différentes positions. Quelques-unes mesurent dix-huit pieds de haut à peu près; d'autres atteignent la voûte de l'édifice, qui peut avoir trente-quatre pieds d'élévation.

Il est impossible de se faire une idée de la beauté, du fini et de la variété des sculptures qui ornent les temples à l'intérieur et à l'extérieur. On s'étonne que de tels chefs-d'œuvre aient pu être accomplis par la main des hommes; aussi les brahmanes les attribuent-ils aux génies célestes.

Les temples de seconde classe, *chaityas*, sans vérandas et sans cellules de prêtres, n'ont pas non plus de sanctuaires, mais de hauts monuments sur lesquels sont placées de colossales figures. Nous avons plus particulièrement remarqué un Bouddha assis et un Bouddha dormant, de vingt et un pieds de long.

Nous restâmes des heures dans ces temples, ne nous lassant pas de contempler ni d'admirer. Enfin, nous pensions au départ, quand le guide que le capitaine d'Adjunta nous avait donné nous entraîna dans l'une des enceintes sacrées. Un repas délicieux et abondant nous y avait été servi.

Quand nous prîmes congé du gouverneur d'Adjunta, il nous conseilla de nous diriger sur Roja, où nous pourrions visiter les temples plus fameux encore d'Ellora, et où un courrier qu'il venait d'expédier au commandant d'Aurengabad nous apporterait une carte d'admission pour la forteresse de Dowlutabad, dans laquelle on n'entre pas sans cette formalité.

Une immense plaine sépare Adjunta de Roja, plaine où de riches plantations et de misérables djungles se succèdent tour à tour.

Dès notre arrivée à Roja, nous montâmes à cheval pour nous rendre aux temples d'Ellora, à trois lieues environ de cette vieille et triste cité de l'Inde.

Nous n'avions point marché un quart d'heure, que nous rencontrâmes une foule de gentilshommes anglais, qui, montés sur des éléphants et accompagnés d'un grand nombre d'indigènes, se rendaient dans des djungles, non loin de la ville, pour une chasse au tigre. Sur le sol étranger, les Européens se saluent du titre de compatriote; en un instant, nous eûmes fait connaissance, et nos nouveaux amis nous eurent persuadé de les accompagner.

Nous nous trouvâmes au milieu des djungles les plus déserts, au pied des collines les plus désolées, après deux heures environ de marche, heures pendant lesquelles, balancé sur mon howdah, et tout impatient d'une chasse que j'avais depuis si longtemps désirée, je contemplais notre cortége, tout en repassant dans mon esprit ces quelques réflexions qu'avait faites Jacquemont dans une circonstance identique, et que j'avais lues la veille même, pendant notre voyage d'Adjunta à Roja sur notre chariot à bœufs : « Les lions et les tigres, c'est — pour le gentleman, s'entend — un jeu des plus innocents, attendu qu'on ne les cherche pas à cheval, mais à éléphant seulement. Chaque chasseur est juché, comme un témoin devant une cour de justice anglaise, dans une caisse fort élevée attachée sur l'animal; il a un petit parc d'artillerie près de lui, savoir : une couple de fusils et une paire de pistolets. Il arrive quelquefois, quoique cela soit très-rare, que le tigre, poussé aux abois, saute sur la tête de l'éléphant; mais c'est l'affaire du mahaotte (conducteur), qui est payé 25 fr. par mois pour subir ces sortes d'accidents. En cas de mort, il a du moins la satisfaction d'une vengeance complète; car l'éléphant ne joue pas nonchalamment de la clarinette avec sa trompe, quand il se sent coiffé d'un tigre; il le travaille de son mieux, et le chasseur l'achève d'une balle à bout portant. Le mahaotte est, on le voit, une sorte d'éditeur responsable. Un autre pauvre diable est derrière le gentleman, ayant pour office d'ombrager d'un parasol la tête précieuse de celui-ci. Sa condition est pire encore que celle du mahaotte : lorsque l'éléphant effrayé fuit devant le tigre, qui le charge et s'élance sur sa croupe, le véritable emploi de cet homme est d'être alors mangé à la place de son maître. L'Inde, on le voit, est l'utopie de l'ordre social à l'usage des gens comme il faut. »

Mes réflexions de souvenir furent interrompues par le bruit d'un vol pesant au-dessus de nos têtes : c'était un paon.

— Quand on voit le paon, le tigre n'est pas loin, murmura mon porte-ombrelle.

Tout à coup nos éléphants s'arrêtèrent, frappèrent violemment la terre de leurs pieds de devant et poussèrent un cri aigu. Après un moment d'hésitation, ils reprirent leur marche d'un pas lent, mais intrépide, la trompe haute, les oreilles tendues.

Alors, à quelque distance, les tiges et les herbes du djungle s'entr'ouvrirent, s'ondulèrent comme sous l'impulsion d'un corps énorme. Dix balles partirent aussitôt dans la même direction; quelques-unes atteignirent l'animal, sans doute; car un rauquement terrible frappa les airs, et une tache jaunâtre et fugitive passa comme un éclair à travers la verdure; après une seconde, nous ne vîmes plus rien. Nous recommençâmes notre battue.

— Il faut faire forcer l'animal par nos éléphants, dit l'un des chasseurs; mais s'il est grièvement blessé, le combat sera rude.

Ce qu'entendant, les nombreux curieux qui nous avaient suivis à pied et à cheval s'enfuirent dans toutes les directions.

Une heure se passa sans que nos recherches fussent couronnées de succès.

— Oh! saheb, me dit bien bas le mahaotte de mon éléphant, ce tigre a mangé de la chair humaine; c'est ce qui le rend si rusé.

Malgré toute sa ruse, le tigre ne nous échappa pas : nous

l'aperçûmes enfin rampant comme un serpent à quelques pas de nous, se glissant cauteleusement et sans bruit, la gueule fumante, la langue tirée, les yeux ardents. Il se replia sur lui-même, s'élança sur l'un de nous. Au même instant, je fis feu. Ma balle atteignit le monstre dans son élan; il vint tomber près de mon éléphant, qui se précipita sur lui, lui brisa les reins d'un coup de pied, le transperça de ses défenses et l'envoya mourir à quelques pas de là.

La chasse au tigre serait extrêmement dangereuse, si les éléphants n'étaient pas bien dressés. Ils ne doivent point être effrayés ni abandonner la partie, quoi qu'il arrive, d'ailleurs. En fuyant, ils pourraient laisser suspendus aux branches des arbres les malheureux chasseurs qui les montent, et ceux-ci seraient infailliblement dévorés par le tigre en fureur.

XVII.

C'est au sein d'une nature agreste, sauvage et solitaire, qu'existent les chefs-d'œuvre plastiques des vieilles races de l'Inde, les fameux temples d'Ellora; c'est dans une baie profonde et arrondie, une sorte d'amphithéâtre que forme une chaîne de collines couvertes de lianes et d'arbrisseaux, que se dressent ces merveilles des temps anciens, auxquelles ne sauraient être comparés les plus beaux monuments de l'architecture égyptienne.

Le principal des temples d'Ellora, appelé Kaïlaca, est le plus étonnant et le plus magnifique de tous ceux qui ont jamais été taillés dans le roc. Le bloc colossal qui le forme a été séparé de la masse rocheuse par un passage de deux cent quarante pieds de long sur cent de large. Le temple a lui-même deux cent cinquante pieds de long sur cent cinquante de large. Sa forme est conique. Il s'élève à cent vingt pieds et semble reposer sur des éléphants et des tigres de grandeur naturelle, tous vus de face, et qui inclinent la tête comme s'ils pliaient sous le poids de l'édifice. Au-dessus de ces animaux sont sculptés en bas-reliefs, et d'une manière admirable, des scènes orgiaques se rapportant aux légendes de Siva, des épisodes guerriers tirés des incarnations de Vichnou et de la grande lutte de Rama et de ses alliés, les singes d'Hanouman, contre les géants de Ceylan. L'intérieur du temple se compose d'une grande salle, à laquelle communiquent d'autres salles plus petites décorées de sculptures et remplies de gigantesques idoles. La voûte de la salle principale est soutenue par vingt-deux piliers magnifiquement sculptés et représentant les scènes du mariage de Rama et de Sita.

Trois étages de galeries découpent le pourtour des montagnes qui entourent l'édifice principal. C'est une ceinture de temples formant comme une garde d'honneur au Kaïlaca et s'enfonçant dans les entrailles du rocher à plusieurs heures de chemin, assure-t-on.

Les eaux pluviales ont en grande partie comblé de terre l'étage inférieur de quelques-uns de ces temples, et le temps a détruit çà et là des colonnes, des corniches, des frises, des sculptures.

Mais quelle main a opéré tant de merveilles? Quels efforts ont accompli ces gigantesques ouvrages? On les croit bien antérieurs au XIIIe siècle avant notre ère, époque à laquelle fut composé le *Ramayana*, dont l'auteur semble s'inspirer, pour la peinture de la métropole des populations troglodytes du Dekkan, du souvenir des temples d'Ellora.

A quelques lieues au nord d'Ellora, s'élève la forteresse de Dowlatabad, la plus célèbre de toute l'Inde, et qui porta autrefois le nom de Devagara, ou cité des dieux. Sa fondation remonte aussi à une époque tout à fait inconnue. Elle est construite sur une haute montagne isolée ou plutôt sur un immense bloc de roc de six cents pieds de haut, séparé des autres roches par quelque convulsion de la nature. La main de l'homme l'a escarpée de manière à former un premier rempart de cinquante mètres de haut et perpendiculaire.

Nous nous demandions avec étonnement comment l'on pénétrait dans cette forteresse, qui semble inaccessible, quand on nous montra une petite porte de fer dégagée seulement en temps de paix. Elle s'ouvrit devant nous, et nous nous engageâmes avec des torches dans un escalier étroit et obscur, fermé de distance en distance par d'autres portes de fer. Il débouche au sommet sur les pentes rapides du cône, où son ouverture peut se fermer encore par des trappes de fer et des barres d'un poids énorme. Quand on a quitté le souterrain pour la clarté du jour, une rampe longue et étroite, serpentant péniblement entre des ravins à pic et protégée par des feux croisés, conduit au cône du rocher sur lequel se dresse la citadelle.

Une telle forteresse devrait être imprenable, et pourtant elle a bien des fois changé de maître. M. de Bussy, le glorieux confident et le compagnon de Dupleix, et dont les populations redisent encore le nom avec reconnaissance dans leurs chants populaires, M. de Bussy prit Dowlatabad par un stratagème : il y introduisit des soldats sous le déguisement des femmes du gouverneur. On dit que la ruse ne fut employée que pour sauver les apparences, et que tout était convenu à l'avance entre l'assiégé et l'assiégeant.

Non loin de Dowlatabad, et également sur une montagne, s'élève une autre citadelle plus grande, mais moins fortifiée.

Aurengabad, qui, aux jours d'Aureng-Zeyb, son fondateur, éclipsait en grandeur, en puissance, en splendeur, les magnifiques cités des rives de la Djemna, contient à peine aujourd'hui vingt mille habitants. Ses palais sont détruits et ses jardins remplis de tristes bruyères. Les voyageurs y viennent pourtant encore, attirés par ses grands souvenirs, et aussi pour visiter le monument que le roi des rois a fait élever à l'une de ses filles, monument superbe, sans doute, mais qu'on a bien à tort comparé au Tadje-Mahal d'Agrah, la plus grande merveille de l'art.

Une autre curiosité d'Aurengabad, c'est l'étang sacré des mahométans. On y voit des brochets si familiers, qu'ils viennent manger dans la main de quiconque s'en approche. Il y aurait crime à pêcher ces brochets, qui se seraient multipliés au point de remplir le bassin sans y plus laisser de place pour l'eau, si les pluies abondantes de chaque année n'en avaient fait mourir un grand nombre. Depuis que les Anglais sont maîtres du pays, on dit que l'encombrement n'est plus à craindre et que les gardiens sont moins fidèles.

A Aurengabad, nous louâmes un nouveau baili pour nous rendre à Pounah, à une cinquantaine de lieues, et que nous atteignîmes en cinq jours.

Pounah, qui ne compte pas plus de quinze mille habitants, s'élève à la jonction de la Mouta et de la Mulla. Nous ne croyons pas avoir rencontré dans l'Inde une ville à l'aspect aussi délabré, aussi misérable. Ses palais, qui portaient le nom des jours de la semaine, lundi, mardi, etc., tombent en ruines. Celui qui a encore l'appellation de dimanche sert maintenant de prison, d'hôpital, de pharmacie centrale et d'hospice pour les aliénés.

Pounah était autrefois la résidence du peychoua, ou chef de la confédération des Mahrattes.

Les Mahrattes étaient une race puissante de l'Inde, qui, chassée par les Mogols, se réfugia dans les montagnes qui s'étendent de Surate à Goa. Ce sont de beaux hommes, bien constitués, et dont la couleur de la peau varie du noir au brun clair. Ils sont ennemis du travail, portés à la vengeance, furieux dans les combats, auxquels ils s'excitent en fumant de l'opium à la manière du tabac. Presque tous les Mahrattes sont aujourd'hui sous la domination anglaise.

Pounah possède deux colléges, l'un anglais peu fréquenté, l'autre sanscrit et établi dans l'un des palais hebdomadaires que nous avons dits. On y compte cent écoliers, qui, sous la direction de dix professeurs ou pandits, se livrent pendant huit ans au moins, et quinze à vingt souvent, à l'étude de la langue sacrée.

Nous visitâmes cet établissement. Nous fûmes reçus par le directeur, vieux brahmane au crâne nu et à la longue barbe blanche. Les écoliers étaient groupés, dix par dix, sur le tapis de toile blanche d'une salle immense, écoutant avec recueillement le pandit qui présidait chaque dizaine. On nous présenta les élèves les plus intelligents et on leur fit réciter ou chanter de longues tirades d'hymnes védiques ou de prières. Mon oncle, qui s'était adonné à l'étude du sanscrit, écouta longtemps sans rien comprendre, et assez désappointé de ne point nous servir d'interprète, comme il s'y était engagé. Enfin, il parvint, à son grand contentement, à reconnaître, parmi les sujets traités, un fragment antique, *la dispute des sens*.

Voici ce qu'un voyageur dit des animaux fétiches de Pounah : « Les taureaux sacrés de Pounah sont des créatures très-douces, très-grasses et très-paresseuses ; on les appelle fakirs, c'est-à-dire mendiants, et ils vivent, en effet, comme les fakirs, de ce qu'on leur donne ou de ce qu'ils prennent. Ils ne sont pas moins sales que pauvres, et, comme les cochons et les chiens, dont le nombre est immense, ils contribuent à faire disparaître les immondices de la ville. Le matin, à l'heure où les habitants de Pounah, faute de.... vespasiennes, sont obligés de descendre.... dans la rue...., on voit les taureaux sacrés sortir de leur indolence habituelle : ils vont à la curée. »

Pendant que nous étions à Pounah, on célébra plusieurs noces hindoues, et nous en pûmes voir les cérémonies. Le fiancé, à cheval, couvert d'un manteau de pourpre, et le turban tellement orné de tresses d'or et de ruban, qu'à quelques pas on le prendrait pour une couronne, se rend avec ses parents et ses amis à la maison de la fiancée. Tout est fermé dans cette maison. L'époux s'assied tranquillement sur le seuil et y reste jusqu'à la nuit tombante; alors il se retire. Un quart d'heure après son départ, les portes de la maison sont ouvertes. Les femmes s'y précipitent avec empressement, en font sortir la fiancée enveloppée de voiles épais et l'accompagnent jusqu'au palanquin, où elles la font monter. Elles suivent ce palanquin au son du tam-tam, et stationnent longtemps avec cette affreuse musique devant la maison des nouveaux époux : ce sont les mariages des castes inférieures qui se célèbrent ainsi.

Les mariages dans les castes élevées, et surtout chez les brahmanes, sont beaucoup plus intéressants.

Le temps le plus propre aux unions est le printemps, alors que Mars et Vénus sont en conjonction parmi les astres. Les cérémonies durent cinq jours.

Le premier jour, les parents et les amis des deux familles viennent prendre le fiancé et la fiancée et les conduisent au ghaut le plus renommé de l'endroit, s'ils habitent près d'une rivière sacrée. Là, on fait une longue série d'ablutions et de prières solennelles. Ramenés chez eux, on les fait asseoir sur une peau d'antilope, la face tournée vers l'orient, et sous un dais soutenu par douze colonnes et orné de guirlandes. On les frotte pendant tout le jour avec du safran et de l'huile, en priant les dieux. Vers le soir, le fiancé déclare qu'il veut courir le monde. Il sort de la maison, un bâton à la main, et erre sur les chemins jusqu'à ce qu'il rencontre une procession de parents et d'amis qui l'engagent au retour sous la promesse d'une femme accomplie. Ce retour s'opère au milieu des cris et d'un horrible tintamarre de cymbales et de trompettes.

Le second jour, les parents et les amis s'assemblent de nouveau. Les pères unissent solennellement les mains de leurs enfants et leur versent sur le corps sept mesures d'eau, sept mesures de riz et sept mesures de lait, pendant que le brahmane officiant leur fait lecture des mantras qui disent les devoirs et les droits des époux : « L'époux doit à sa femme bon souper, bon gîte, et le reste.... L'époux est le dieu de la femme; quelque vieux, laid et méchant qu'il soit ou devienne, la femme doit en faire l'idole de son cœur; que tous ses désirs soient conformes aux siens : s'il rit, qu'elle soit prête à rire; s'il pleure, qu'elle verse des larmes; s'il veut causer, qu'elle parle; s'il garde le silence, qu'elle se taise.... » Puis on accomplit l'acte le plus solennel de la cérémonie, qui consiste à passer sur l'épaule du fiancé un *zéna* ou cordon brahmanique à neuf tours, et à attacher au cou de la jeune femme un *tahli* ou grand anneau, emblème du mariage.

Le troisième jour, les nouveaux époux font sept fois le tour d'un feu sacré.

Le quatrième jour, grand banquet, où ils dînent ensemble, en présence de tous les invités. C'est à ce repas qu'est appréciée la modestie de la jeune femme.

Le cinquième jour, sacrifice de riz en l'honneur des dieux et des mânes, changements bizarres de costumes, procession au travers des rues, les époux en palanquin, aux sons d'un effroyable orchestre.

Pendant leurs noces, les riches Hindous répandent quelquefois pour 750,000 fr. d'aumônes.

Quand le brahmane est marié, il n'a plus qu'un désir : c'est qu'il lui naisse un fils qui perpétue sa race; car n'en avoir point, c'est la pire des calamités. Quand cet enfant si désiré vient enfin au monde, c'est une joie qu'on ne saurait dire.

De cinq à neuf ans, on le revêt du cordon sacré. Cette cérémonie, qui s'accomplit en mars, avril, mai ou juin, porte le nom d'*ouppayana* ou introduction au savoir, parce qu'à dater de cette sorte d'initiation, un brahmane acquiert le droit de se livrer à l'étude. Elle dure quatre jours, pendant lesquels s'accomplissent plusieurs fêtes qui ont grande ressemblance avec ceux du mariage et qui se terminent par la suspension d'un cordon au cou de l'enfant. « Ce cordon, qui est porté en bandoulière de l'épaule gauche à la hanche droite, se compose de trois petites ficelles tressées chacune avec neuf fils. Le coton dont il est formé doit avoir été cueilli sur la plante de la propre main d'un brahmane, cardé et filé par des personnes de cette caste, afin qu'il ne puisse pas contracter de souillure au contact de mains impures. »

L'ouppayana coûte beaucoup; car il faut nécessairement grand festin, et, par suite, grandes provisions de bouche et grand assortiment de plats de terre, ces plats ne pouvant servir qu'une fois. Les brahmanes pauvres font des quêtes pour accomplir ces cérémonies pour leurs enfants. Ceux de leur caste les aident volontiers de leur bourse : c'est un moyen de gagner le paradis.

Le brahmane enfant est dit *brahmatchary;* celui qui est marié, *grahasta;* le brahmane marié, ermite ou errant, *vana-prasta* ou *djogui;* le brahmane errant ou ermite et célibataire, *sanniassy.*

Un ami du résident d'Indore, qui nous avait accueillis avec la plus exquise politesse et s'était fait notre cicérone à Pounah, nous conseilla une petite excursion à vingt lieues de là pour visiter la forteresse d'Ahmehnagara.

Nous traversâmes une partie de la province qui porte ce même nom.

Cette province, grâce à la multitude de ses sources, qui se déversent, les unes dans le bassin du Godavéry, les autres dans celui du Krichna, devrait être d'une fertilité extraordinaire, mais la sécheresse et la malaria l'ont dévastée dans ces derniers temps.

La citadelle d'Ahmehnagara, construite dans un site délicieux, rappelle le souvenir d'Arthur Wellesley, depuis duc de Wellington. La prise de ce fort signala les débuts militaires de ce général, qui devait triompher de la France.

La route entre Pounah et Pannwell, en passant par la chaîne des Ghattes, est extrêmement pittoresque : elle s'élève en zigzag le long des montagnes, dont les flancs sont aussi roides, aussi réguliers que s'ils étaient taillés de mains d'hommes. Ce sont de larges gradins superposés et dominant à pic de profonds précipices. De superbes forêts garnissent ces escarpements, et le fond des ravins est obstrué de bois impénétrables. Les pics de ces montagnes apparaissent sous les formes les plus fantastiques : des terrasses, des monuments en ruine, des piliers, des colonnes aux mille ornements, des statues gigantesques, etc., etc. A mi-hauteur de la chaîne, on rencontre le village de Keurley, célèbre par ses souterrains : ce sont d'autres temples taillés dans le roc, monuments aux vastes proportions et aux ornements plus gracieux qu'à Adjunta et à Ellora. Chacun d'eux est couronné d'une sorte de dôme en forme de cloche et surmonté de deux éléphants entrelaçant leurs trompes et portant ensemble deux hommes et une femme.

A Pannwell, on s'embarque vers le soir pour Bombay, où l'on arrive le lendemain de bonne heure.

XVIII.

Bombay est bâtie sur une île petite, mais charmante, et séparée du continent par un étroit bras de mer. C'est le port le plus important de la côte occidentale et l'entrepôt des manufactures de l'Inde, de la Malaisie, de la Perse, de l'Arabie et de l'Abyssinie.

Les environs de la ville sont couverts de bois de dattiers et de cocotiers, bois sous lesquels les indigènes cachent leurs habitations comme dans des nids de verdure. Les Européens préfèrent l'air et la lumière. Leurs maisons sont loin d'égaler en grandeur et en magnificence les palais que leurs compatriotes bâtissent à Calcutta.

Bombay est divisée en deux parties : la ville proprement dite, centre du commerce et lieu de résidence des Européens, et la ville noire, exclusivement habitée par les castes inférieures. Les monuments les plus remarquables par leur architecture sont l'hôtel de ville, dont le salon n'a point son égal au monde, l'église anglaise, le palais du gouverneur et la Monnaie. Les bazars sont plus remarquables par le nombre des étrangers qui y affluent que par les marchandises en elles-mêmes.

La population de Bombay s'élève à deux cent cinquante mille âmes. Les trois quarts de cette population sont Hindous; l'autre quart est représenté par des Mahométans, des Perses, des Mahrattes, des Parsis, des Juifs, des Arabes, des Bédouins, des nègres, des Chinois, des Hottentots. Les Européens figurent dans ce nombre pour quelques centaines seulement.

Les plus riches d'entre tous ces peuples sont les Parsis, ou adorateurs du feu, appelés aussi Guèbres.

Chassés de la Perse, il y a douze cents ans environ, ils vinrent s'établir sur la côte occidentale des Indes. Ils sont si industrieux et s'adonnent avec un tel zèle au travail, qu'on n'en voit point un seul dans le besoin. Ils possèdent les plus belles maisons de Bombay, maisons qu'ils louent volontiers aux Européens. Ils se font distinguer dans les rues de la ville par la magnificence de leurs équipages et leur suite nombreuse.

Bien des fois nous rencontrâmes dans les salons de notre hôte, riche négociant que mon oncle avait autrefois connu à Calcutta, un Parsi des plus honorables. Nous eûmes par lui bien des détails sur la religion, les mœurs et les coutumes de sa nation.

Les Parsis croient en un Dieu suprême et vénèrent singulièrement les quatre éléments, surtout le feu, qu'ils regardent comme l'emblème de leur unique divinité. Chaque matin, avant le jour, ils sortent de leurs maisons et de la ville, pour saluer de leurs prières le soleil levant. La vache est aussi très-sacrée pour eux.

Quelque temps après notre arrivée à Bombay, nous eûmes la curiosité d'assister à ces prières du matin des Parsis. Nous en vîmes un grand nombre attendant silencieusement, en lisant des prières, le premier rayon de l'astre du jour. Le soleil parut. Un signal fut donné par quelque prêtre, sans doute, et toute l'assemblée se prosterna en poussant un long cri de joie. Un plus grand nombre de croyants vinrent ensuite, ou seuls ou par petits groupes, et cela jusqu'à neuf heures du matin.

Les Parsis enterrent leurs morts sur une petite colline à peu de distance de la ville. Leur cimetière, clos d'un mur de vingt-quatre pieds de haut, ne contient qu'une bière et un puits. Sur cette bière, qui s'élève au-dessus du sol et qui est divisée en trois compartiments, on dépose les corps, les hommes dans le premier compartiment, les femmes dans le second, les enfants dans le troisième. On les y laisse jusqu'à l'entière décomposition des chairs ou jusqu'à ce que ces chairs aient été dévorées par les oiseaux de proie, qui planent constamment sur cet horrible lieu. Les ossements sont ensuite jetés dans le puits. Les riches ont des sépultures de famille.

Nul n'entre jamais dans ces cimetières. Jeter seulement un

regard dans l'intérieur est un énorme crime. Il appartient à une certaine caste de prêtres d'y porter les cadavres. Ces prêtres sont regardés comme si impurs, que si on les approche par mégarde ou si on les touche en passant, on doit immédiatement brûler ses vêtements et se purifier par un bain.

Les étrangers ne peuvent point pénétrer dans les temples des Parsis. Ces temples, extrêmement petits, sont dénués de tout ornement d'architecture, quoi qu'en aient dit bien des voyageurs. Aussi simples à l'intérieur qu'à l'extérieur, ils ne contiennent qu'un vase de fer où brûle sans cesse le feu sacré, entretenu par les bois les plus précieux.

Les Parsis prétendent que le feu de leur temple principal est le même que celui que Zoroastre apporta sur la terre quatre mille ans avant Jésus-Christ.

Un pieux Parsi prie quatre fois par jour, et une heure chaque fois. Si ses occupations s'opposent à une si longue prière, ses prêtres, les mages, l'en peuvent dispenser. Il fait cette prière en tous lieux, mais les yeux fixés sur l'un des quatre éléments. L'heure la plus sainte et la plus ordinairement choisie pour la prière du matin, c'est l'instant du lever du soleil, astre regardé comme le premier et le plus grand de tous les feux.

Le respect pour le feu est si grand dans cette singulière secte religieuse, que les Parsis n'embrassent aucune profession ni ne font aucun commerce où le feu soit nécessaire. Ils ne lâcheraient point la détente d'un fusil, ni n'éteindraient pas une lumière. Des voyageurs ont rapporté qu'ils ne voudraient point voir la cessation d'un incendie. Cette assertion est exagérée : le feu ayant éclaté, il y a quelques années, dans l'un des quartiers de la ville, les Parsis s'empressèrent de porter du secours.

L'habillement des Parsis consiste en un large pantalon et un long cafetan de soie blanche, et en une jaquette de mousseline également blanche. Leur turban diffère essentiellement de celui des mahométans : c'est une sorte de chapeau orné de bandes d'étoffes de couleur, de vingt à trente centimètres.

Le costume des femmes chez les Parsis, quoique peu différent de celui des femmes hindoues, est cependant beaucoup plus convenable, étant de soie et non de mousseline. Elles portent des pantalons. La soie dont elles se couvrent est richement brodée d'or et d'argent. Les bijoux sont aussi considérés par ces femmes comme la partie la plus essentielle de la toilette; elles en sont couvertes. Dans les grandes occasions, elles en portent souvent à la fois pour plus de 250,000 fr.

Les enfants de quelques mois ont déjà les bras et les mains couverts de bagues et de bracelets. Leurs vêtements sont aussi brodés d'or et d'argent.

Les Parsis des deux sexes portent une ceinture qui fait deux fois le tour de la taille. Ils ne doivent la quitter sous aucun prétexte, excepté pendant la prière, où ils la tiennent entre leurs mains. Quiconque serait aperçu sans ceinture ne ferait plus partie de la société. Nul contrat ne serait valable, si les parties n'avaient point la ceinture. On la donne aux enfants dans leur neuvième année. Jusque-là, ils sont considérés comme n'étant point de la secte, peuvent manger des mets préparés par des chrétiens et accompagnent leur père sur la place publique. La ceinture change tout cela; le fils s'assied alors à la table de son père et la fille reste à la maison.

Une autre ordonnance religieuse a rapport à la chemise : la chemise doit être d'une certaine longueur, d'une certaine largeur, et consister en neuf pièces, neuf morceaux, qui se réunissent sur la poitrine d'une manière toute particulière.

Le Parsi n'a qu'une seule femme; mais si cette femme n'a point d'enfants ou ne lui donne que des filles pendant une période de neuf ans, il peut la répudier et en épouser une autre; néanmoins, il sera toujours obligé de nourrir la femme délaissée, à moins qu'elle ne se remarie de son côté. Selon la croyance religieuse de ce peuple, quiconque, dans cette vie, aura eu une femme et un fils, jouira éternellement d'un bonheur parfait.

Les Parsis ne sont point divisés en castes. Ils ont cependant adopté un grand nombre de coutumes hindoues. Ainsi, leurs femmes ne vont point sur les places publiques, bien qu'elles puissent s'asseoir devant les fenêtres et rester au salon pendant les visites que reçoivent leurs maris. Les pères s'occupent de marier leurs filles quand elles sont encore au berceau, mais ne les fiancent que lorsque le jeune homme a atteint sa quatorzième année. Si le fiancé meurt, les parents de la jeune fille lui peuvent choisir un autre époux.

La première fois que nous fûmes reçus chez Manuckjez-Carsetjee, sa femme et ses filles étaient au salon, s'occupant de petits travaux à l'aiguille, contre l'usage des femmes de la nation. Le chef de la famille avait vu Paris, Londres et l'Italie, et, émerveillé des mœurs européennes, les avaient en partie adoptées dans son intérieur; ce qui lui avait fait perdre beaucoup de l'estime et de l'amitié de ses coreligionnaires.

Nous restâmes pour le repas, ce qu'un pieux Parsi n'eût point permis; mais nous ne pûmes nous asseoir à la table de famille. On nous servit seuls, et avant tout le monde. Chacun, à l'exception du maître de la maison, témoigna une grande surprise en nous voyant nous servir de notre couteau et de notre fourchette. Quand nous eûmes satisfait notre appétit, la table fut desservie et brossée, comme si elle eût été infestée par la peste. On la couvrit ensuite, au lieu d'assiettes, de gâteaux plats d'une pâte à peu près semblable à celle de notre pain et de mets à l'européenne. Père, mère et enfants au-dessus de six ans s'assirent à cette table, après avoir lavé leur visage et leurs mains et dit une courte prière. Tous portèrent alors la main droite dans les différents plats, détachèrent les viandes des os, séparèrent les poissons en petits morceaux, et, trempant les morceaux et les viandes dans les sauces, les jetèrent dans leur bouche avec une dextérité extraordinaire. Jamais la main ne doit toucher aux lèvres. Quand cela arrive par accident, on la lave aussitôt. Si l'on remet la main dans un plat avant de l'avoir lavée, on prend le plat devant soi, et personne n'y touche plus. Tout le monde boit dans la même coupe, mais avec le même soin et la même propreté. On verse le liquide sans que le vase qui le contient soit jamais en contact avec les lèvres.

Durant notre séjour à Bombay, une vieille femme du voisinage de notre demeure vint à mourir; ce qui nous donna lieu de voir des funérailles.

Dès que la malade entra dans l'agonie, ceux qui l'assistaient poussèrent par intervalles des cris ressemblant à des lamentations, cris qui augmentèrent à mesure que le moment fatal approcha, et qui continuèrent sans interruption après le décès. Alors arriva une procession de huit ou dix femmes accompagnées d'un grand nombre d'hommes, qui restèrent devant la maison, où ils s'assirent fort tranquillement. Après quelques heures, le cadavre fut enveloppé dans un morceau d'étoffe blanche et porté par les hommes au lieu où il devait être brûlé. L'un de ceux qui suivaient eut grand soin d'emporter un vase de fer rempli de charbons ardents, afin d'allumer le bûcher avec le feu de la maison.

Les femmes restèrent devant la maison mortuaire, formant un petit cercle autour de l'une d'entre elles, qui avait été louée pour diriger les lamentations. Celle-ci entonna un chant funèbre, dont toutes les autres en chœur redirent le refrain, battant la mesure par des mouvements de tête et de la main sur la poitrine. Elles exécutaient ces mouvements avec tant d'ensemble et de précision, que l'on eût dit des poupées à ressort.

Après un quart d'heure environ, elles firent une courte pause, durant laquelle elles se frappèrent si rudement la poitrine, que les coups pouvaient être entendus à quelque distance. A chaque coup, elles élevaient les mains vers le ciel et inclinaient la tête pendant deux ou trois secondes. Quand elles eurent ainsi manœuvré pendant quelque temps, elles s'assirent en cercle pour boire du toddi et fumer du tabac; puis elles recommencèrent de plus belle.

Le lendemain, hommes et femmes revinrent. Comme la veille, les femmes seules furent introduites. Ce furent à l'intérieur des lamentations et des hurlements dont rien ne saurait donner une idée. Le tout se termina par un repas, que les femmes mangèrent dans la maison et les hommes sur le seuil.

Les funérailles dont nous venons de parler étaient celles d'une femme pauvre, et cependant ni toddi ni provisions de bouche ne durent manquer pendant deux jours pour la nombreuse compagnie. On peut juger, d'après cela, de la prodigalité affectée par les riches à l'occasion de la mort de leurs parents.

Nous vîmes aussi les funérailles d'un enfant. On le portait couché sur un coussin de mousseline blanche et couvert de fleurs.

Les noces hindoues ne sont pas moins curieuses que les funérailles dans les castes inférieures. Ce sont de petits enfants qu'on marie : un garçon de dix à douze ans à une fille de cinq à six. Ils sont tout nus, mais chargés d'anneaux et de bracelets, barbouillés de jaune, entourés d'une multitude de parents. Tour à tour on les lave et on les enduit de nouveau de curcuma; puis, à plusieurs reprises, on leur présente de l'eau, qu'ils prennent dans la bouche pour se la jeter mutuellement sur leurs petits corps. Ces absurdités se prolongent pendant trois ou quatre jours et autant de nuits sans interruption, accompagnées d'un tintamarre de tambours et de violons qui passe toute idée.

Les Hindous n'ont point de jour de repos chaque semaine; mais, dans certains temps, ils ont des fêtes qui durent pendant plusieurs jours. Leur principale peut-être est celle de la nouvelle année, leur *Warusche-Parupu*, qui tombe au 11 avril. Elle se célèbre pendant la nuit. Le plus grand amusement, dans cette circonstance, est de se barbouiller de brun, de rouge et de jaune, et de faire des processions dans les rues, chantant, riant et dansant à de courts intervalles aux sons du tam-tam. Les femmes ne paraissent pas dans ces cortéges, mais elles prennent part à la fête dans l'intérieur de la maison.

Il y a longtemps que les Hindous ne célèbrent plus avec splendeur les fêtes de leurs martyrs. Il n'y en eut aucune pendant notre séjour à Bombay. Nous eûmes cependant le bonheur de voir un martyr. C'était un homme qui, croyant se rendre agréable à quelque divinité, avait fait vœu de rester vingt-trois ans le bras élevé au-dessus de sa tête et la main recourbée de manière à porter un pot de fleurs. La vingt-troisième année expira pendant notre séjour dans la ville. Le pot de fleurs fut enlevé, mais ni le bras ni la main ne purent reprendre leur première position. C'était hideux à voir.

Éléphanta est à deux ou trois lieues de Bombay. C'est un îlot montueux couvert de forêts magnifiques et qui doit son nom à un éléphant de pierre trois fois plus grand que nature et portant un tigre sur son dos; tigre et éléphant sont aujourd'hui dans un complet état de dégradation. De la petite plaine qui domine ce monument en ruines, un sentier étroit et raide, qui serpente sous d'épais feuillages et le long de profonds précipices, conduit au sommet de l'île. A mi-hauteur, on rencontre les fameux temples qui ont rendu Éléphanta si célèbre. Le principal de ces temples nous a paru dédié à Siva. Un gigantesque buste à trois têtes, l'une de face, les autres de profil, occupe le fond du sanctuaire. Ce buste représente, sans doute, la Trinité hindoue.

Ces temples, à demi ruinés par le temps, ont été aussi dégradés par les Portugais, lors de leur conquête. Enflammés d'un zèle religieux peu éclairé et ne voulant point de sanctuaires indignes dans leurs possessions, ils braquèrent des canons aux portes des cavernes d'Éléphanta. Ils triomphèrent plus facilement des dieux eux-mêmes que de l'attachement des Hindous à leurs fausses croyances.

Salcette, appelée aussi l'île des Tigres, est cent fois plus pittoresque que Bombay, avec ses montagnes couronnées et ses vallées ombragées de palmiers. Elle a, comme Éléphanta, des temples antiques, et, de plus, des débris vivants des races primitives de l'Inde, les Pouliahs.

Ces malheureux forment une caste à part, se cachent au fond des forêts de Salcette, s'adonnant à un seul travail, la fabrication du charbon. Ils ne parlent jamais aux Hindous et ne les voient même pas pour leur vendre les produits de leur industrie; ils ont l'habitude de déposer leur charbon en certain endroit, où ils retrouvent ensuite un prix réglé par l'usage en riz, en vêtements et en outils de fer.

Les Pouliahs n'ont point de village; leur loi religieuse le leur défend. Ils ne se construisent pas même de hutte au fond des bois. Quand ils se hasardent près des lieux habités, ils doivent annoncer leur approche par quelque cri; sans quoi ils courent le risque d'être tués comme des animaux malfaisants.

« Traversant un soir un village de la côte, nous y remarquâmes une grande agitation et nous vîmes un rassemblement formé à quelque distance d'une boutique tenue par un Parsi. La cause unique de cet émoi était l'apparition d'une femme pouliah, qui, pressée par la faim, venait échanger contre un peu de riz une natte de sa façon. Arrivée à une centaine de pas de la boutique, elle avait hurlé, et le Parsi lui ayant répondu, ils avaient conclu leur marché. Toute circulation était arrêtée dans le village jusqu'à ce que cette grave affaire fût terminée; la pauvre créature, presque entièrement nue, tournait et retournait la tête de çà et de là, prête à fuir, ou à avertir, si on l'approchait; de son côté, le boutiquier faisait arrêter les passants. Il pesa devant eux le riz convenu, le porta à l'acheteuse, dont, en sa qualité de Guèbre, il pouvait s'approcher sans trop de crainte, et emporta la natte. Ceci se passait en plein mousson; la pluie avait tombé tout le jour; bien que la température fût encore chaude pour les Européens, les indigènes s'enveloppaient soigneusement dans leurs tentes de coton, que l'humidité de la nuit allait leur faire paraître bien légères. C'est alors que la malheureuse sauvage s'éloigna seule de la demeure des hommes et s'enfonça dans les bois chargés de brume pour y regagner son gîte, un tronc d'arbre creusé par le temps ou l'entre-croisement de quelques branches touffues, dont les singes ou les pythons allaient peut-être lui disputer la possession. »

Victor Fontanier.

Le plus grand des temples de Salcette est orné d'un porche magnifique, aux deux côtés duquel s'élèvent deux statues de vingt et un mètres de haut. Un grand nombre d'autres temples sont creusés près de ce sanctuaire principal, et, adjacents les uns aux autres, se prolongent à une grande distance.

Les monuments d'Éléphanta et de Salcette nous ont semblé bien moins remarquables que ceux d'Ellora et d'Adjunta, sous le double rapport de l'architecture et de la sculpture.

Salcette est peu visitée, à cause des Bhils, des Pouliahs, des tigres et des abeilles sauvages. Nous ne fîmes aucune de ces rencontres, dont plusieurs Européens furent victimes pendant notre séjour à Bombay.

Le climat de Bombay est plus chaud que celui de Calcutta, et pourtant il est plus supportable, à cause des brises de mer qui soufflent sans cesse sur la côte.

XIX.

Nous fîmes un séjour de deux mois à Bombay. Mon oncle y réglait des affaires importantes, tandis que ses agents à Calcutta et à Ceylan concluaient, par ses ordres, la vente de ses propriétés. Désireux de tout terminer avant son départ, il pensait devoir prolonger ce séjour de quelques semaines encore, quand il nous proposa une excursion à Goa. Toujours avide de voir, nous acceptâmes cette offre avec empressement et nous partîmes, Philippe et moi, laissant notre respectable parent à des occupations commerciales pour lesquelles nous ne pouvions lui être d'aucune utilité.

Goa est située sur la côte, à quatre-vingts lieues au sud de Bombay, lieues que l'on franchit en vingt-quatre heures dans un pyroscaphe, mais en trois jours seulement dans les embarcations du pays. Comme rien ne nous pressait, nous préférâmes ces embarcations simples et modestes, dans l'espérance de mieux voir les côtes. Nous y aperçûmes de bien loin, il est vrai, mais toujours avec un nouveau plaisir, des villes, des villages, des forteresses, se cachant à demi au sein d'une puissante végétation et surmontés des pavillons des princes du pays, princes soumis, obscurs, sans nom, et dont le dernier orgueil consiste à donner des proportions gigantesques au drapeau de leur nation.

Goa, qui n'a plus que l'ombre de l'importance et du pouvoir qu'elle avait autrefois, est beaucoup mieux située que Bombay.

Sa rade est magnifique; la plus nombreuse escadre y peut dormir à l'abri des vents, des flots et de l'ennemi.

Nous abordâmes à Panjim, trois jours après notre départ de Bombay.

Panjim est la nouvelle Goa, la résidence actuelle des autorités portugaises, ville toute moderne et magnifique, aux larges rues tirées au cordeau, aux superbes édifices. Nous restâmes peu dans cette ville à l'aspect plus européen qu'asiatique, impatients que nous étions de contempler la vieille cité d'Albuquerque, aujourd'hui abandonnée, et qui repose à trois lieues plus haut que Panjim, sur les rives du fleuve qui traverse la colonie portugaise, en relie toutes les parties et y répand de toutes parts la fertilité.

Goa, à demi ruinée, à demi envahie par la puissante végétation du sol de l'Inde, a vu fuir ses habitants devant le souffle empesté de la malaria. Ses maisons, ses églises, ses palais, monuments magnifiques, tout est désert aujourd'hui.

Notre première visite à Goa fut pour le tombeau de saint François Xavier, qui s'élève, objet de pieux respect et chef-d'œuvre de l'art, sous les voûtes de la cathédrale, confié à la garde de quelques bons religieux.

Il est impossible de se faire une idée de la puissance de la végétation dans les environs de Goa.

« Que sont les œuvres de l'homme près de celles de la nature? s'écrie un voyageur de nos jours. Si belle qu'apparaisse la végétation de Bombay, elle ne peut soutenir la comparaison avec celle du canton de Goa et de toute la côte qui court de la colonie portugaise au cap Comorin. Pour se faire une idée de la variété et de la puissance de la flore de cette région, il faut aller en contempler les spécimens renfermés dans nos serres et décupler leurs proportions étiolées; il faut rapprocher les unes des autres, dans l'éblouissant pêle-mêle de la nature, les mimoses, les musas, les pandanus odorants, les mangotiers et les orangers; enrouler autour de leurs troncs les tiges sarmenteuses des bignonias, de la nagatelly, des nictantes sambac et des lianes qui produisent le poivre et le bétel; grouper sous leur ombre les plus belles variétés des azalées, des jasmins et des gardénias; unir les lauriers d'où l'on extrait le camphre, la casse et la cannelle, au sandal rouge, aux nopals, aux dragonniers qui fournissent les laques précieuses; les arbustes qui donnent le nard, le cardamome et l'amome, aux roseaux qui secrètent le sucre. Sur ces amas de fleurs, sur ces sources de miel et de parfums, il faut étaler les feuilles immenses du latanier et du tallipot, faire ondoyer les palmes aériennes des cocotiers et des bambous géants, amonceler la sombre verdure des tecks et des tamarins et les impénétrables rameaux des ficus sacrés. Puis, tout cela accompli, l'on n'aura encore qu'une perception vague et incolore de la végétation de l'Inde, et notamment de celle qui revêt la base des Ghauts occidentaux, à l'orient et au midi de Goa. »

Mais le règne animal est aussi fécond dans la contrée qui environne Goa que peut l'être le règne végétal. Une affiche apposée dans l'un des faubourgs de la ville et qui avertit de ne pas aller plus loin, à cause des tigres, une croix de pierre qui marque, non loin de ses murs et sur une route fréquentée, l'endroit où l'un de ces animaux emporta un officier qui chevauchait à la tête de son régiment, nous prouvèrent que l'on pouvait chanter encore comme au temps du vieux Valmiki :

« Dangereux est le séjour des bois! La forêt est peuplée de créatures ennemies de l'homme, qui se repaissent de chair et de sang.... Dangereux est le séjour des bois.

« Là errent de nombreux éléphants, qui se jettent sur tout ce qu'ils voient, qui écrasent tout ce qu'ils rencontrent....

« Là rampent les hideuses couleuvres et s'étalent les grands pythons, glissant sur le sol en replis sinueux, semblables au cours d'un torrent, ou enroulés dans les crevasses de la terre; leurs dents, leurs souffles, leurs regards sont mortels.... Dangereux est le séjour des bois....

« Là s'étendent en nappes stagnantes, ou se précipitent dans de profonds canaux aux difficiles abords, des eaux qui ne recèlent pas moins de périls que la terre. Le rhinocéros se plaît dans la vase de leurs dépôts; le tigre aux flancs jaunes et rayés se tapit dans leurs roseaux; et, caché dans leurs profondeurs ou flottant à leur surface, le vorace crocodile, gigantesque ennemi de tout ce qui respire, épie et déchire ses victimes.... Dangereux est le séjour des bois. »

On nous raconta que, peu de jours auparavant, un tigre était venu jusque dans la boutique d'un boucher de Goa, y avait tout dévoré et s'y était tranquillement endormi.

On peut se préserver, sans doute, encore de l'attaque de ces énormes et féroces animaux; mais que faire contre les reptiles qui, dans certaines saisons, infestent les jardins, les terrasses et les appartements même? Le Malabar seul compte quarante-trois espèces de serpents, depuis le boa, qui atteint quelquefois quarante pieds de longueur, jusqu'à la manilla, qui se cache tout entière dans le calice d'un nénuphar. Une morsure de la manilla tue en quelques secondes; le cobra-capello donne instantanément la mort et décompose le corps humain en moins de deux heures. Chaque jour, ces affreux reptiles font de nouvelles victimes.

Cependant, malgré tous ces avertissements, nous nous disposions à quelques excursions dans les magnifiques forêts qui environnent Goa, quand nous reçûmes une lettre de mon oncle. Cette lettre nous pressait de quitter Goa :

« Mes enfants, disait notre respectable parent, revenez immédiatement et par la voie la plus prompte. »

La voie la plus prompte, c'était le pyroscaphe. Nous nous embarquâmes le jour même, dévorés d'inquiétude. Vingt-quatre heures après, nous étions dans les bras du bon vieillard.

Avec toutes les précautions imaginables, il nous communiqua une lettre de notre jeune sœur, qui nous annonçait que notre mère était gravement malade. Cette lettre avait plus d'un mois de date.... Hélas! pendant ce temps, qu'était-il arrivé?

— Partons! nous écriâmes-nous, Philippe et moi, en nous jetant dans les bras l'un de l'autre. Si nous n'arrivons pas pour recevoir la bénédiction dernière de celle qui nous a donné la vie, qu'au moins nous ne laissions point notre sœur sans appui et sans consolations.

— Oui, partons, mes enfants, répliqua le bon vieillard en pleurant avec nous. Dès demain....

Les circonstances nous servaient à souhait. Le lendemain même, un steamer, en rade à Bombay, faisait voile pour Suez, et mon oncle avait tout préparé pour le départ, remettant les affaires à un autre temps et se résignant à les traiter à distance.

Nous nous embarquâmes dans les premiers jours d'octobre, deux ans après notre arrivée dans l'Inde. Le 17, nous arrivâmes à Suez. Une sorte de diligence nous conduisit au Caire, où nous trouvâmes un autre bâtiment prêt à partir pour Marseille, où nous débarquâmes neuf jours après.

Nous avions passé à Suez, au Caire, nous avions traversé l'isthme fameux qui joint l'Asie à l'Afrique entre la Méditerranée et la mer Rouge; mais nous étions dévorés d'une inquiétude si poignante, que nous n'avions rien vu de cette terre d'Égypte qui, dans tout autre temps, nous eût intéressés à un si haut point.

Hâtons-nous de dire, car nous croyons faire plaisir à nos jeunes lecteurs, hâtons-nous de dire que nous trouvâmes notre mère en pleine convalescence, grâce au dévouement de l'ange à qui nous l'avions confiée.

Aujourd'hui, nous partageons encore avec notre aimable sœur nos soins et notre amour entre cette mère si chérie et celui que nous nommons à de si justes titres notre second père, parlant sans cesse de cette Inde merveilleuse où nous aurions voulu vivre et mourir, si la France n'eût pas été notre patrie.

XX.

Depuis que nos voyageurs ont quitté les Indes, de graves événements s'y sont passés, qui ont remis en question l'indépendance de cette contrée; et aujourd'hui encore il n'est point certain que l'Angleterre conservera cette riche conquête qu'un siècle de possession semblait avoir légitimée, mais sur laquelle elle a fait, pendant ce siècle, peser un joug de fer.

En 1857, au moment où le prince Albert inaugurait dans des fêtes brillantes la grande exposition de Manchester, au moment où les Anglais se glorifiaient de leur richesse et de leur puissance, des milliers de Musulmans et d'Hindous levaient au Bengale l'étendard de la révolte et massacraient sans pitié leurs maîtres, au nom de Mahomet et de Bouddha.

Dans la révolte de l'Inde, comme dans toutes les révoltes, les chefs seuls ont eu un but politique; la multitude a été entraînée par l'enthousiasme, et c'est la religion qu'ont fait parler les meneurs dans le fait qui nous occupe.

La cause de cette rébellion terrible ne fut autre que la soumission du royaume d'Aoude, le seul des nombreux États de l'Inde qui eût conservé son indépendance. Le motif en paraîtrait léger, futil même, si nous ne savions que toucher aux croyances religieuses de l'homme, quelles que soient, d'ailleurs, ces croyances, c'est toucher à son existence même.

Disons un mot de la cause et du prétexte de cet événement, qui prendra place, par son importance et sa gravité, parmi les grands événements du XIXe siècle.

En 1856, lord Dalhousie, alors gouverneur général de l'Inde, résolut la réunion du royaume d'Aoude aux vastes domaines de la Compagnie, et il opéra cette réunion de la manière la plus blessante et la plus injuste : ayant secrètement rassemblé des troupes, il entra tout à coup dans Lucknow, dont les rois s'étaient montrés en toute occasion les fidèles alliés de l'Angleterre, et, maître de cette ville sans coup férir, déclara que l'État d'Aoude n'était plus qu'une province de l'empire britannique. Vajid-Alid, qui régnait alors, ne pouvait résister; il dut céder à la force, mais il protesta contre cette force même et en appela au parlement et au peuple anglais. Il vint s'établir à Calcutta, tandis que sa mère, son fils et son frère faisaient voile vers l'Angleterre, où ils voulaient, disaient-ils, déposer leurs plaintes et leurs prières aux pieds de la reine Victoria. Ce voyage, entrepris sans espérance aucune d'obtenir justice, n'avait d'autre but que d'éloigner les soupçons des véritables tentatives qu'on se proposait pour reconquérir non-seulement l'indépendance de Lucknow, mais celle de l'Inde tout entière. De Calcutta, Vajid-Alid s'entendit avec le roi de Delhi, roi nominal, on le sait, et pensionnaire de la Compagnie des Indes. Le roi de Delhi entra corps et âme dans le complot. Il ne s'agissait de rien moins que de massacrer tous les Anglais en un seul jour. Mais il fallait gagner l'armée, au sein de laquelle régnait, il est vrai, un mécontentement universel. On était sûr des mahométans. On rappela en vain aux Hindous que, nés propriétaires du sol, seigneurs de la terre, ils étaient pourtant esclaves. Malgré l'oppression qui pesait sur eux, malgré la haine qu'ils portaient à leurs maîtres, ils seraient restés fidèles, s'il ne se fût présenté une occasion qui alarma leur conscience; ils crurent leur religion menacée, et tous n'eurent plus qu'un cœur pour accueillir la révolte, qu'une voix pour la proclamer.

On se rappelle que la vache est le premier objet de la vénération des Hindous. Ils croient voir en elle la manifestation de la divinité sur la terre. La vie de cet animal est si précieuse, qu'y toucher c'est se rendre coupable du plus grand crime qui se puisse commettre. Les Anglais étaient si bien convaincus de la nécessité de respecter cette singulière croyance, qu'ils n'abattaient jamais qu'en secret et dans des lieux cachés les bœufs et les taureaux destinés à leur nourriture, et que l'immolation de la vache était sévèrement défendue dans toute l'étendue des domaines de la Compagnie.

Mais le gouvernement de l'Inde ayant résolu d'introduire

dans l'armée, presque entièrement composée d'indigènes, la carabine d'Enfield, il fut décidé en même temps qu'on se servirait des cartouches en usage en Angleterre pour cette carabine, c'est-à-dire des cartouches amollies avec de la graisse de porc ou de bœuf. Graisser des cartouches avec la substance même de l'animal sacré, n'était-ce point un horrible sacrilége aux yeux des Hindous, un mépris éclatant de leur religion et de leurs croyances?

Ce fait vint d'une façon singulière à la connaissance des troupes indigènes.

Les cartouches étaient faites par les Lascar, hommes de classe inférieure. Un jour, un Lascar ayant demandé à un cipaye brahmane de boire dans sa gourde, le brahmane refusa positivement : sa gourde eût été souillée par le Lascar, et, par ce seul fait, lui, le brahmane, eût perdu sa caste. « Pourquoi tant de susceptibilité, reprit le Lascar, quand tous les jours vous vous servez de cartouches faites de graisse de vache? » Le brahmane frémit d'horreur et de désespoir, avertit ses compagnons, écrivit dans toute l'Inde. Dans toute l'Inde, la nouvelle fut accueillie avec les mêmes sentiments, avec le même désir de vengeance : dès lors la mission des agents secrets du roi d'Aoude et du roi de Delhi ne rencontra nul obstacle. Il suffisait que ces agents rappelassent la rumeur populaire que lord Canning, en prenant en 1856 le gouvernement de l'Inde, s'était flatté d'abolir en trois ans et castes et religion nationale; il suffisait qu'ils parlassent des cartouches des carabines d'Enfield pour que des régiments entiers promissent de prendre part à la révolte.

Cette révolte était fixée au mois d'août 1857, temps auquel on pensait que la reine-mère d'Aoude aurait quitté l'Angleterre.

Si ces hommes, qui souffraient depuis un siècle, eussent consenti à retarder de quelques mois encore leur vengeance, c'en était fait de la puissance des Anglais aux Indes; mais, dès le 24 janvier, éclata une révolte partielle; le télégraphe de Barrackpoor fut brûlé. Depuis ce temps, des mutineries eurent lieu constamment sur divers points de l'Inde, mutineries qui ne donnèrent nulle inquiétude, à cause de la facilité avec laquelle on réprima d'abord les désordres. On licencia deux régiments, on punit les coupables, et l'on crut que tout était fini.

Cependant un mécontentement plus grand se manifesta à Meerut dans les premiers jours de mai. Le bruit courut plus sérieusement parmi les troupes indigènes que les Hindous se verraient forcés d'embrasser le christianisme, souillés qu'ils seraient des cartouches faites de graisse de vache et de la poudre d'os de taureaux mêlée à la farine vendue sur les marchés. L'irritation de ces troupes ne connut plus de bornes : quelques maisons habitées par des Anglais furent incendiées, les officiers furent insultés. Le général Hewitt, qui avait avec lui à Meerut deux régiments européens, résolut de montrer aux cipayes qu'ils devaient rentrer dans le devoir; il ordonna donc pour le 6 mai une revue du troisième de cavalerie, dans lequel étaient les plus mutins. La veille, on distribua des cartouches; quatre-vingt-cinq hommes de ce régiment refusèrent par deux fois de les recevoir. Ils furent aussitôt traduits devant une cour martiale toute composée d'indigènes et condamnés à six ou dix ans d'emprisonnement.

Depuis les révoltes qui avaient éclaté dans les différentes parties de l'Inde, ordre avait été donné par le gouvernement d'exécuter les sentences militaires dans le plus bref délai et sans en référer, comme en temps ordinaire, aux autorités supérieures. Le général Hewitt annonça donc pour le 9 mai une revue générale, se proposant d'y intimider les indigènes et d'y mettre à exécution la sentence portée contre les coupables.

La revue eut lieu. Les mutins furent ensuite amenés au milieu des troupes. On les désarma en présence de leurs camarades, on les dépouilla de leur uniforme, on leur riva des chaînes aux pieds et aux mains. Tous demandaient grâce, mais le général fut inflexible. Ils tournèrent alors des regards suppliants vers leurs frères, leur reprochant de ne point les délivrer. Si ce n'eût été la crainte des deux régiments européens qui les entouraient et des pièces de canon dirigées contre eux, nul doute que tous les régiments alors en garnison à Meerut n'eussent, dans ce moment même, levé à leur tour l'étendard de la révolte.

Cette révolte ne fut, du reste, retardée que d'un jour. Dans l'après-midi du 9, les troupes, au comble de l'indignation et de la fureur, organisèrent leur plan, écrivirent aux régiments en garnison à Delhi de se préparer à les recevoir et fixèrent la rébellion au lendemain, 10 mai.

C'était un dimanche. Les soldats passèrent ce jour comme de coutume, attendant avec impatience, mais sans manifester nulle émotion, le service du soir, temps qui leur avait paru le plus favorable pour l'exécution de leurs desseins. Mais, vers quatre heures, une demi-heure avant l'instant fixé, n'y tenant plus de haine et de vengeance, ils donnèrent le signal. Les rues de Meerut retentirent tout à coup de ces cris lugubres : Au feu! au feu! Tous les habitants, saisis d'effroi, se levèrent comme un seul homme.... Mais aux cris : Au feu! répondirent des décharges de mousqueterie, et ce mot cent fois répété et plus sinistre : Aux armes!

Alors commença une scène d'horreur, une scène que la plume ne saurait retracer.... Le sang anglais coula de toutes parts, dans les rues, sur les places, dans les maisons.... Ni femmes, ni vieillards, ni enfants, ne furent épargnés.... Un immense incendie embrasait la ville, tandis que les échos portaient au loin les plaintes des victimes et les vociférations des assassins.... Quelle nuit de désordre, d'angoisse, de crimes, de désespoir!

Le lendemain, les mutins prirent la route de Delhi, qui n'est qu'à treize ou quatorze lieues de Meerut. Les régiments casernés à Delhi et prévenus dès la veille demandèrent à grands cris de marcher contre les rebelles, protestant de leur fidélité. Leurs chefs les haranguèrent, les conduisirent au-devant des mutins, commandèrent le feu.... Les soldats de Delhi tirèrent, mais tirèrent en l'air, et, se joignant à leurs camarades, se précipitèrent dans la ville, poussant des cris sinistres et étranges, massacrant sans pitié, mettant tout à feu et à sang. Ils s'emparèrent de toute la ville, pénétrèrent jusque dans le magasin aux poudres, confié à la garde d'un vaillant officier, sir Willoughby. Willoughby avait prévu cette fatale invasion et avait préparé une traînée de poudre pour faire sauter l'édifice. Il mit son projet à exécution dès que le magasin fut plein de rebelles. Presque seul il échappa à l'explosion, mais pour aller mourir à Meerut, après quelques jours, des suites de ses blessures et victime de son noble dévouement pour sa patrie.

Aussitôt que les rebelles furent maîtres de Delhi, le roi de cette ville se proclama lui-même empereur de l'Inde et nomma Lall-Khan commandant en chef de ses armées.

Les Anglais, rassemblant leurs troupes, vinrent mettre le siége devant la ville. Ce siége dura trois mois; l'assaut se renouvela pendant six jours consécutifs et coûta onze cents hommes sur deux mille, peut-être.

Mais pendant que les Anglais faisaient le siége de Delhi, la révolte éclatait sur différents points de l'Inde. Partout c'étaient les mêmes scènes de désastre et de carnage.

Qui n'a entendu parler de Cawnpoor? A ce nom seul, on

frémit d'horreur.... La garnison anglaise, commandée par le brave Hugh Wheeler, s'était retranchée dans le fort avec les femmes et les enfants. Nina-Saïb, prince qui, jusque-là, avait paru tout dévoué aux Européens, l'y vint assiéger avec vingt mille hommes. Wheeler résista longtemps, mais il tomba dans une sortie, mais on manqua de pain et d'eau dans la petite forteresse.... La garnison se rendit, fut désarmée et s'embarqua sur le Gange, car il lui avait été accordé la vie sauve, et il lui avait été permis de se retirer à Calcutta. Mais à peine les bateaux commençaient à voguer, que les rives se couvrirent de soldats ne respirant que la haine, la vengeance et la mort.... Mille coups partirent à la fois des deux bords du fleuve, puis mille coups encore.... Pas un Anglais n'échappa au massacre. Les femmes et les enfants, au nombre de plus de trois cents, furent épargnés d'abord. On les tint renfermés pendant trois jours. Alors commencèrent pour eux les supplices les plus affreux, supplices dignes des temps de complète barbarie. Les différentes parties du corps des malheureuses furent coupées avec des morceaux de verre, leur chair fut arrachée par lambeaux, leurs membres brisés.... Les petits enfants furent placés sur des tables, où on leur coupa les jambes à coups de sabre.... Quelques-uns furent lancés en l'air pour être reçus sur les baïonnettes, d'autres furent hachés, grillés, rôtis, et leurs mères durent se nourrir de leur chair.... Au milieu de ces atrocités, Nina-Saïb apprit que le général Havelock approchait, le général Havelock qui gagnait autant de victoires qu'il livrait de combats.... Alors il prêta l'oreille aux prières de ces malheureuses victimes qui, endurant d'atroces douleurs dans l'état de mutilation où on les avait réduites, demandaient à grands cris la mort, et il les fit précipiter agonisantes dans un puits....

Au moment où nous écrivons ces lignes, les Anglais sont maîtres de Delhi, leurs généraux remportent des victoires, l'insurrection paraît s'apaiser. Mais malgré ses succès, l'Angleterre ne peut s'applaudir d'un complet triomphe, et le sort de l'Inde est encore entre les mains de Dieu.

FIN.

Rouen. Imp. MEGARD et Cie, Grand Rue, 156.

www.ingramcontent.com/pod-product-compliance
Ingram Content Group UK Ltd.
Pitfield, Milton Keynes, MK11 3LW, UK
UKHW012215240726
13966UKWH00003B/782